中等职业教育课程改革创新教材
物流服务与管理专业系列教材

物流营销实务

主　编　梁智慧
副主编　刘　杨　杨　涛
参　编　王　臣　刘丽丽　赵　丹

机械工业出版社

本书内容按照物流营销各个部分的逻辑关系分为六个单元，第一单元概述了营销与物流营销的基础知识；第二单元分析了物流企业开展营销活动的环境构成及影响；第三单元对物流市场调查与预测进行了介绍；第四单元系统地介绍了物流目标市场的细分和定位；第五单元详细地阐述了物流营销策略的内容体系；第六单元对物流营销计划、营销组织及营销控制进行了介绍。

本书内容丰富、深入浅出、易学易懂、可操作性强。每个模块中都设置了模块描述、模块目标、情景导入、知识储备、能力培养与训练等内容，方便教师教学和学生自主学习。

本书可作为中等职业技术学校物流服务与管理专业教材，也可作为广大物流企业内部员工培训和管理人员自修提高的参考书。

图书在版编目（CIP）数据

物流营销实务/梁智慧主编．—北京：机械工业出版社，2014.7（2025.1重印）
中等职业教育课程改革创新教材　物流服务与管理专业系列教材
ISBN 978-7-111-47302-2

Ⅰ．①物…　Ⅱ．①梁…　Ⅲ．①物资市场—市场营销学—中等专业学校—教材
Ⅳ．①F252.2

中国版本图书馆CIP数据核字（2014）第149188号

机械工业出版社（北京市百万庄大街22号　邮政编码100037）
策划编辑：宋　华　　责任编辑：陈　曦
责任校对：马立婷　　责任印制：单爱军

北京虎彩文化传播有限公司印刷

2025年1月第1版第11次印刷
184mm×260mm・10.75印张・262千字
标准书号：ISBN 978-7-111-47302-2
定价：35.00元

电话服务
客服电话：010-88361066
010-88379833
010-68326294

网络服务
机　工　官　网：www.cmpbook.com
机　工　官　博：weibo.com/cmp1952
金　　书　　网：www.golden-book.com
机工教育服务网：www.cmpedu.com

中等职业教育（物流服务与管理专业）课程改革创新教材编审委员会

前　言

近年来，随着物流业在我国的迅速发展，社会对物流人才的需求也急剧增加，物流专业人才已经成为全国最紧缺的人才之一。为了满足这一需求，同时也为了满足中等职业技术学校关于物流服务与管理专业应用型人才培养的客观需要，机械工业出版社组织相关学校的骨干教师编写了本书。

本书以物流企业开展营销工作的实际需要为导向，以物流营销人员应知应会的理论知识与营销技能为基础，采用了单元与模块的结构体系，突出了实践技能与训练在课程体系中的重要地位，同时结合过程性考核评价关注了营销素质的锻炼与培养。全书共有六个单元、十七个模块，系统地介绍了物流营销的理论知识和技能框架，在内容安排上充分考虑了认知规律和学习习惯，每个模块都由模块描述、模块目标、情景导入、知识储备、能力培养与训练五个环节构成，在能力培养与训练中紧密结合模块内容设置了相应的实训活动，并给出考核要求。力求让读者通过对本书的学习，能够全面、清晰地掌握物流营销的基本理论和操作技能，并为参加物流营销岗位工作打下良好的基础。

本书由辽宁省农业经济学校梁智慧任主编，河北经济管理学校刘杨、武汉市供销商业学校杨涛任副主编，河北经济管理学校刘丽丽，辽宁省农业经济学校王臣、赵丹参加了本书的编写。具体分工是：第一单元的模块一由梁智慧编写，第一单元的模块二由赵丹编写，第二单元由王臣编写，第三单元由刘丽丽编写，第四单元由刘杨编写，第五单元由梁智慧编写，第六单元由杨涛编写。全书由梁智慧统稿。

本书在编写过程中参考了大量的文献资料，引用了诸多专家学者的研究成果，在此表示诚挚的谢意。为了方便教学，凡是选用本书的教师，均可登录机械工业出版社教材服务网（http://www.cmpedu.com）免费下载助教课件，也可加入中职物流教师交流群（QQ群号：170211876）获取相关助教课件。

由于编者水平有限，本书难免存在疏漏之处，恳请广大读者和专家批评指正。

编　者

目录

单元内容

第一单元　初识物流营销

物流营销关系到物流企业的生存与发展，是物流企业成功的法宝。物流企业的营销人员必须要对物流营销的基本知识和理论进行准确了解和把握。只有这样，营销实践才会成功。这就要求初学者必须从基础学起，认知物流营销，感知营销观念。

模块一　认知营销与物流营销

模块描述

营销无处不在，可以说我们每天都在与营销打着交道：换季的时候，到商场去购买应季的衣服、鞋子；口渴了，到商店买水喝；同学聚会，到饭店吃饭；在仓储企业工作，要给空余的仓库寻找合适的客户。那么什么是营销？营销的本质是什么？什么是物流营销？它有哪些基本特征？初学者学习物流营销应该从哪里开始？本模块将围绕认知营销与物流营销来学习以上相关知识，开启同学们对物流营销的认知并培养同学们对专业知识的学习兴趣。

模块目标

技能学习目标

1. 通过案例分析与相关材料学习，培养把握市场营销及相关概念的能力。
2. 通过多种方式收集物流营销的相关材料，提升自主学习的能力。

素质提升目标

1. 在案例分析的过程中要培养理论联系实际的素质。
2. 在实训活动过程中要注意培养团队合作的意识。
3. 在分析材料的过程中，锻炼逻辑思维能力。

情景导入

浙江湖州华安物流公司（以下简称华安物流）根据市场调查与预测，认为先进的货运装备会有力地支撑华安物流的成长，所以淘汰了国产普通小吨位车辆，并投入了大笔资金购置了8辆集装箱大吨位牵引车车头和14辆挂车。这样，华安物流推出并不断改进湖州至广东的“卡车航班”，依托“空运的速度、汽运的价格”，使货物周转量增长34.8%，实现了广东、深圳等城市24小时到达的快速服务。高效的运转速度令其业务蒸蒸日上，该公司的影响力也日趋深远，目前已经成为浙北地区最具影响力的物流企业之一。

华安物流在激烈的市场竞争中获得了自己的一席之地，但是如何通过营销导向实现可持续发展是华安面临的永恒主题。

思考：

1. 你认为物流企业必须重视需求变化吗？为什么？
2. 结合案例，谈谈你对营销或物流营销的认识。

知识储备

物流营销是在市场营销的基础上发展起来的，是市场营销的基本理论在物流行业、企业实践中的成功运用。因此，在学习物流营销之前，有必要先对市场营销和物流企业的基本知识进行了解。

一、认知市场营销

1. 市场营销的含义

市场营销作为一门学科产生于19世纪末20世纪初的美国。随着人们对营销实践的开展和研究的深入，国内外学者对市场营销的内涵有多种不同的解释和表达，这恰恰反映了在不同时期人们对市场营销的认识和发展过程。

美国市场营销学会（American Marketing Association，AMA）对市场营销的定义一直被认为是权威的表述。该学会先后在1960年、1985年和2004年给出了不同的定义，2004年对市场营销的定义是："市场营销是一种组织职能，也是为了组织自身及利益相关者的利益而创造、传播、传递客户价值，管理客户关系的一系列过程。"

美国西北大学教授、当代市场学权威菲利普·科特勒博士认为：市场营销是个人和群体创造并同他人交换产品和价值，以满足需求和欲望的一种社会活动和管理过程。菲利普·科特勒博士所著的《营销管理》一书在海内外享有盛誉，该书介绍了这一定义，使这一定义的影响比较大。这一定义包含了四层基本的含意：市场营销是一个过程，是一种社会活动和管理过程；实施这一过程的行为主体包括个人和群体；这个过程的内容是创造产品和价值、交换产品和价值；这个过程的目的是为了满足需求和欲望。

小知识

有关市场营销还有很多有价值的说法。如，营销不是一种短期的销售行为，而是一种长期的投资行为。营销不是找到一个精明的办法处理掉你制造的产品，而是创造真正的客户价值的艺术；市场营销是将社会需要转化为有盈利的机会；市场营销是营销者之间争取顾客货币选票的过程。

了解这些说法，有利于全面深刻地认识和理解市场营销。

对于市场营销的认识，我们可以从以下几个方面来理解。

（1）市场营销是一项整体性的经营活动。可以把它概括为：微观经济活动主体为了适应市场的变化以满足社会的需要和自身发展的目标而进行产品的构思、设计、开发和实施的商务活动的全过程，包括市场调查与预测、市场细分与定位、产品开发、产品定价、渠道选择、产品促销、售后服务等一系列围绕市场运行的经营活动与管理过程。

（2）顾客的需求是市场营销的起点。一个成功的企业不仅要善于发现顾客的需求，还要能适应社会经济发展的潮流，创造出新的需求，只有这样企业才能在竞争中处于不败之地。

（3）市场营销的中心任务是交换。企业按照顾客的需求提供产品或服务，只有与顾客顺利地完成了交换，产品或服务的价值才得以实现，企业的经营目标才能达到。

（4）市场营销是科学性与艺术性的统一。市场营销与企业的生产、技术、财务等诸多领域工作不一样，往往是很多不确定因素互为影响的结果，所以必须遵循科学性原则，同时要从实际出发，灵活应变，把握营销的艺术性，才能在激烈的市场竞争中游刃有余。

2. 市场营销的核心概念

（1）营销者与预期顾客。交换双方如果一方比另一方更主动、更积极地寻求交换，则前者称为营销者，后者称为预期顾客。如果双方都在积极寻求交换，那么这种情况称为相互营销。在营销中更关注的是顾客，不是顾客依靠企业，而是企业依靠顾客；顾客不是企业工作的障碍，而是工作的目标；顾客不是我们要争辩和斗智的对象，从未有人会取得同顾客争辩的胜利。

（2）需要、欲望和需求。构成市场营销思想基础的最基本概念是人类的需要、欲望和需求。需要描述了人类的基本要求，是指没有得到某种基本满足的感受状态。人类有很多需要，包括对食物、衣服、房屋等基本物质的需要，对尊重和仁爱的社会需要，以及对知识和自我实现的个人需要。这些需要是人类自身的基本组成部分，而不是社会和市场营销创造出来的。欲望是人们的需要趋向某些特定的目标以获得满足的愿望。欲望可以用满足需要的对象来描述，在不同的社会里，人们的欲望是不同的。虽然人类的需要非常有限，但其欲望却很多。由于资源的有限性，人们只能用有限的资源来选择能提供最大价值和满意程度的产品。需求是指对有能力购买的某个具体产品的欲望，即当有购买力支持时，欲望就转化成需求，市场营销的本质就是对需求的管理。

将需要、欲望和需求加以区分的重要意义在于阐述如下事实：市场营销者并不创造需要，需要早就存在于市场营销活动之前；市场营销者及社会其他因素只是影响了人们的欲望；营销者可以通过制定特定的和富有吸引力的产品，来适应顾客的支付能力且使之容易得到，从而形成营销需求。

（3）产品。产品是指可以提供给市场用来满足需要和欲望的物品。产品的概念并不仅限于实体产品，任何能够满足人们某种需要的东西都可被称做产品。实体产品的重要性并不在于拥有它们，而在于得到它们提供的服务。人们购买小汽车不是为了观赏，而是为了它所能提供的交通服务，所以实体产品实际上是向人们传送服务的工具。除了实体产品之外，产品还包括人物、地方、活动、组织及思想等。营销者必须清楚地认识到，创造的产品不管形态如何，如果不能满足人们的需要和欲望，就必然会营销失败。

（4）价值与满意。在对能够满足某一特定需要的一组产品进行选择时，顾客决定选择哪家公司的哪种型号产品的依据是看其是否能够给他们带来最大的价值。价值就是顾客所得到的与所付出的之比，所得到的包括功能利益和情感利益；所付出的包括货币成本、时间成本、精力成本以及体力成本。价值可用以下公式来表达：

$$价值=\frac{利益}{成本}=\frac{功能利益+情感利益}{货币成本+时间成本+精力成本+体力成本}$$

满意是一种心理感受状况，是顾客对某一产品在满足其需要与欲望方面实际的与期望的程度在比较与评价后所形成的愉悦或失望的感觉状态。顾客的满意程度是顾客产生再次购买的驱动力，市场营销的目的就是要尽量增加顾客的满意度，尽量避免顾客的不满意。

（5）交换与交易。交换就是通过提供某种东西作为回报，从某人那儿取得所想要东西的行为。交换能否真正发生，取决于买卖双方能否找到交换的条件。交换的发生有五个条件：①至少有双方；②每一方都有被对方认为有价值的东西；③每一方都能够沟通信息和传递物品；④每一方都可以自由接受或拒绝对方的产品；⑤每一方都认为与另一方进行交易是适当的或是称心如意的。这里，交换被描述成一个价值创造的过程，即交换通常总是使得双方变得比交换前更好。交易是指双方之间的价值交换所构成的行为。

交换与交易的区别体现在：交换被看成是一个过程而不是一个事件，如果双方正在进行谈判，并趋于达成协议，这就意味着他们双方正在进行交换。一旦达成协议，就发生了交易。

（6）关系与网络。除了进行短期的交易外，营销者都会努力与有价值的顾客、中间商和供应商建立长期的、互相信任的“双赢”关系。关系营销是与关键成员建立长期满意关系的实践，目的是保持营销者长期的业绩和业务。关系营销使有关各方建立了经济、技术和社会方面的纽带关系，可以减少交易成本和时间，并使交易成为惯例化。

关系营销的最终结果是建立起企业的独特资产，即一个关系营销网络，是由企业与所有相关的利益关系方（包括顾客、员工、供应商、中间商等）建立起来的互利的业务关系。这样，竞争将不是在公司之间进行，而是在整个网络之间进行。因此，构建良好的关系营销网络必将有助于企业的竞争。

（7）市场。市场是社会分工的产物，对市场的认识从不同的角度有不同的理解。早期的市场营销学界对市场的界定沿用了经济学的定义，认为市场是商品交换的场所，即买卖双方积聚在一起进行产品交换的地点。1960年美国市场营销学会对市场的定义是：“市场是指一种商品或劳务的所有潜在购买者的需求总和。”通常销售者构成产业，购买者形成市场，简单的营销系统如图1-1所示。例如，所有船舶承运人组成航运业，所有货主组成航运市场。

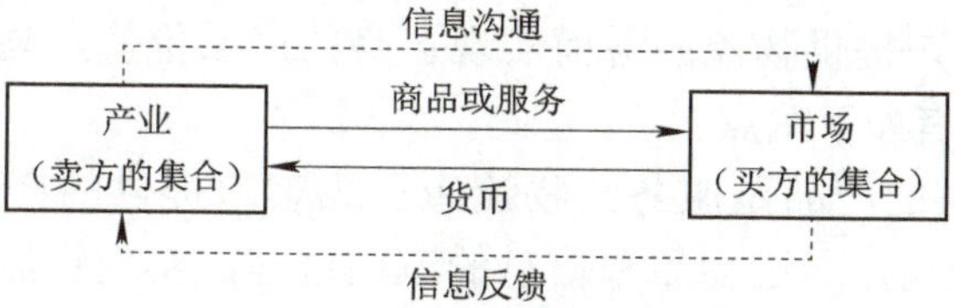

图1-1　简单的营销系统

图1-1中，买卖双方交换的内容包括：卖方将商品（或服务）送达市场，并与市场沟通；买方将货币和信息传递给产业。内环表示钱货交换，外环表示信息交换。作为现实有效的市场必须同时具备人口、购买力和购买欲望三个要素，这三个要素相互制约，缺一不可。一个国家或地区的人口总量、增长速度、自然构成、民族构成、教育程度、地区分布

以及区域间的流动等因素，都会对消费需求的变化产生直接或间接的影响。购买力是指一定时期内社会各方面用于购买商品或劳务的货币支付能力。购买欲望是指消费主体购买商品或服务的动机、愿望或要求，是消费主体把潜在的购买力变为现实购买力的重要条件。

小知识

市场营销的核心概念比较多，菲利普·科特勒所著的《营销管理》第10版中所列的核心概念还有目标市场与细分、营销渠道、供应链、竞争、营销环境、营销组合等。

二、认知物流营销

1. 物流营销的含义

物流企业是一种服务型企业，它向客户主要提供的是服务，而服务的好坏不像实体产品那样方便展示，它需要物流企业从多方面加以宣传，以赢得客户的信赖。因此，良好的物流营销策略可以使物流企业获得长期的、稳定的客户。那么什么是物流营销呢？

物流营销有时被称为物流服务营销，是物流市场发展过程中物流企业经营物流服务的内在要求和市场竞争的外在需求。对于物流营销的定义，众多学者提出不同的看法，本书采用通用的定义，即物流市场营销是市场营销在物流行业的运用，是指物流企业以物流市场的需求为核心，通过采取整体的物流营销策略，以提供物流产品和服务来满足顾客的需要和欲望，从而实现物流企业目标的过程。

小知识

中华人民共和国国家标准《物流术语》（GB/T 18354—2006）中对物流企业的界定：“物流企业是指从事运输（含运输代理、货运快递）或仓储等业务，并能够按照客户物流需求对运输、储存、装卸、搬运、包装、流通加工、配送等进行组织和管理，具有与自身业务相适应的信息管理系统、实行独立核算、独立承担民事责任的经济组织。”

2. 物流营销的特点

物流企业通过为客户提供物流服务而实现自身的产品价值，与一般的工商企业市场营销相比，物流市场营销有如下特点。

（1）物流营销提供的产品是服务。物流企业为客户提供的产品是使物品在时间、空间的位置移动和形状变动，通过物品和信息的流动过程，实现物流价值的最大化，因而它提供的不是有形产品，而是一种特殊的服务产品。它的无形性使得客户难以触摸并予以评判，物流供应商和客户之间的相互作用的重点也从直接交易转向协调关系。

（2）物流服务的质量是由客户的感受评判的。由于物流企业提供的是服务产品，它质量的优劣不能完全由企业自身来决定，而是与客户的感受有很大的关系，需要通过如场所气氛、人员素质、价格水平、设备的先进程度和强大的供应链整合能力等服务要素让客户亲自感受到，以此来评判物流服务的质量。

小知识

物流服务是对客户商品利用可能性的一种保证，是物流服务供应商为其客户的物流需要提供的一切物流活动。物流服务本身不创造商品的形质效应，而是产生空间效应和时间效应。现代物流管理以客户满意为首要目标，在物流企业经营战略中首先确立客户服务的标准，通过物流服务差异化的途径保证物流服务的高水平。物流服务往往围绕客户期望的物品、期望的传递时间和期望的质量展开，其本质是满足客户需求。

（3）物流营销的对象广泛，市场的差异程度大。经济活动的全球化使物流变得更加复杂。工商企业为了突出竞争优势，往往将其他非核心业务外包出去，加之一些政府、非盈利组织等也日益成为物流企业的服务对象，这些急剧上升的物流外包需求为物流企业提供了广阔的市场和服务空间。客户的广泛性必然导致市场的差异性，因此，物流企业面对的是一个差异程度很大、个性化很强的市场，这就要求物流企业进行营销工作时，必须根据目标市场客户企业的特点为其量身定制服务的标准，并建立一套高效合理的物流解决方案。

（4）物流营销的服务能力强。随着市场需求的演变，客户的个性化需求表现突出，客观上要求物流企业必须具备强大的营销服务能力与之相适应。一个成功的物流企业必须具备较大的运营规模，建立有效的地区覆盖面，具有强大的指挥和控制中心，兼备高水平的综合技术、财务资源和营销策略。

3. 物流营销的任务

物流企业营销的任务主要有：了解物流客户需求，进行物流市场调研，对物流市场进行细分；分析物流企业所处的市场环境，发现物流企业生存的机会与存在的风险；准确地进行物流市场定位；精心设计能够满足客户需求的物流产品及服务并合理定价；通过有效的方式进行物流企业宣传；通过公共关系等手段，提升物流企业在公众中的形象等。

物流企业通过营销活动要获取、扩大物流业务，维持和巩固物流市场占有率。要了解其他企业没有提供的，但本企业可以提供的业务；其他企业做不到的，但本企业可以做得到的业务。

能力培养与训练

实训活动一：理解营销

【活动目的】

通过学习营销的基础知识，了解营销对企业生存与发展的重要性。同学们要认真阅读给出的案例材料并回答相关问题，以培养学生利用学过的专业知识分析问题的能力和语言组织与表达能力。

【活动组织】

根据班级人数首先将学生分成若干实训小组，每组选一名组长，负责小组的案例分析活动。表1-1是实训活动的组织分工，要认真填写此表以备存档验收。

表1-1 实训小组成员及分工情况

组别： 实训时间：

组长		成员	
发言人		记录人	
发言纪要			
教师点评			

【活动步骤】

1. 教师介绍本实训活动的内容、要求及注意事项。
2. 整体阅读并分成小组分析讨论案例材料。
3. 现场发言交流，教师点评。
4. 教师总结。

【活动资料】

请阅读下面的案例材料，并分析思考问题。

美国一鞋业公司的老板派他的财务主管到一个非洲国家去了解公司的鞋能否在那里找到销路。一星期后，这位主管打电报回来说："这里的人都不穿鞋，因而这里一点市场都没有。"接着该鞋业公司的总经理决定派最好的推销员到这个国家进行仔细调查。一星期后，推销员打电报回来说："这里的人都不穿鞋，是一个巨大的市场。"鞋业公司的总经理为弄清情况，又派他的市场营销副总经理去解决这个问题。两星期后，市场营销副总经理打电报回来说："这里的人不穿鞋，但是他们有脚疾，穿鞋对脚有好处。他们的脚比较小，所以我们必须再行设计我们的鞋子，而且我们必须在教育'懂得穿鞋有益'方面花一笔钱，在开始之前还必须得到部落首领的同意。这里的人没有什么钱，但他们生产有我们未曾尝过的最甜的菠萝。我估计市场发展潜力在3年以上，因而我们的一切费用，包括推销菠萝给一家欧洲超级市场的费用都将得到补偿。总算起来，我们还可赚得垫付款30%的利润。我认为，我们应该毫不迟疑地去干。"

于是，该公司迅速行动，果然取得了巨大的成功。

问题： 1. 财务主管和推销员的认识有什么不同？

2. 案例中的营销者是谁？顾客是谁？他们之间是什么关系？
3. 联系案例中市场营销副总经理的电报材料，简述市场营销的含义。
4. 联系案例阐述需要、欲望与需求的关系。

【考核要求】

实训活动的考核主要以小组为单位来进行，考核的主要内容有小组成员的参与协作情况、发言材料的准备情况、语言表达能力、分析问题与理论知识的结合程度、发言效果等。根据各小组的表现，评选出优秀小组和最佳发言人。最后将实训活动的相关材料归档。

实训活动二：查找物流营销资料并进行交流

【活动目的】

通过查找物流企业的营销案例或相关资料，增强学生物流营销的实践体验，培养学习兴趣，激发学习热情。

【活动组织】

根据班级人数首先将学生分成若干实训小组，每组选一名组长，负责小组的实训活动，具体分工参照表1-1来完成，也可以在此基础上根据实训的内容做适当的完善，同样要求认真填写以备存档验收。

【活动步骤】

1. 任务下达：要求每名学生在一周时间内通过网络、报纸、期刊等媒体，搜寻你认为是物流营销的相关材料，并利用本学习任务的理论知识分析材料里涉及的具体内容，然后在小组内进行讨论。最后确定最佳材料，选定一名代表发言。

2. 现场交流：由每组选定的代表现场发言。

3. 教师评价：教师给出实训的评价。

【注意事项】

为了更好地完成实践活动，教师在现场交流前最好给予细心指导。鼓励同学用电子邮件与教师进行沟通，现场交流时可以制作演示文稿。

【考核要求】

任课教师根据学生查找材料的来源、选择材料的质量、分析材料的情况等综合评价实践的整体效果，就存在的问题与不足给出解决的措施。最后将实训活动的相关材料归档。

实训评价

被考评人		考评时间		考评地点		
考评内容						
考评指标		考评标准	分值/分	组内评价/分	组间评议/分	实际得分/分
专业知识技能掌握	营销概念的理解	掌握	10			
	营销核心概念的把握	理解	20			
	物流营销的认知	掌握	10			
	理论知识的运用程度	实训活动完成情况	20			
通用能力培养	出勤情况	按时到岗，学习准备就绪	10			
	道德自律	遵守纪律，有责任心	10			
	学习态度	积极主动，勇于探索	10			
	团队精神	融入团队，分工合作	10			
合　计			100			

注：1. 被考评人是实训活动的发言人。
2. 考评内容是实训活动的项目。
3. 实际得分=组内评价×40%+组间评议×60%。
4. 考评满分为100分，59分及以下为不及格；60～74分为及格；75～84分为良好；85分及以上为优秀。
5. 考核材料存档。

模块二　感知物流营销观念

模块描述

对物流营销的基本概念有了初步认识之后，作为营销人员应该树立怎样的营销观念就变得十分重要，对于一个物流企业持有什么样的营销观念来指导企业的经营管理工作更不可低估。营销观念是企业制定经营决策、开展营销活动的根本指导思想。

本模块要求学生了解营销观念的演变历程，掌握物流企业应该树立的市场营销观念。实训活动可以采取案例分析的方法让学生理解不同时期企业所持有的营销观念的演变历程，对物流企业的市场营销观念可以采取企业调研的方法来加深理解。

模块目标

技能学习目标

1. 能够区分推销观念与市场营销观念的不同。
2. 能够初步衡量客户满意的程度。
3. 把握客户服务的基本理念。

素质提升目标

1. 通过实地调研能力的锻炼，培养学生观察问题、分析问题的素质。
2. 通过对既定问题的讨论，培养学生理论分析与逻辑表达的素质。

情景导入

马士基是班轮运输业最成功的承运商之一，也是全球最大的综合物流服务商。在大多数班轮公司严重亏损的情况下，它却盈利丰厚。成功的秘诀之一就是严格执行安全规则。马士基对于船舶载运危险品规定了最大装载量。有一次，一批危险品货物要由马士基装运，但是货物没有装完就达到了最大的装载量，于是马士基拒绝装运。这批货是马士基公司的一位重要客户托运的，这位愤怒的货主找到马士基理事托马斯•安德森，要求将这批货全部装船，并警告若不装船就是违反合约，必须承担一切法律后果。安德森回答说，他非常遗憾，基于“安全第一”的思想，如果他屈服于客户的压力而装船，会将全部货物和船舶置于危险之中，将会影响社会安全，受到所有人的谴责。所以，这些未装船的集装箱必须搬走，不得装船。听到这些话后，这位货主的态度立即改变了，他同意安德森不得装船的决定，并说，假如马士基破坏了自己定下的安全规则的话，那就犯了错误。马士基因严格执行安全规则不仅没有得罪客户，反而赢得了客户的信任，使其获得了意外的利益。

事实上，为了更好地为客户服务，马士基实现了物流服务的信息化，通过建立信息服务平台，使各级别的客户都可以跟踪其业务流程，让客户实时监控物品状态。另外，马士基还给供货商提供了一个网站，让供货商能自行录入班轮信息，并上传到系统硬拷贝或发传真。客户和商家对马士基提供的更广泛的业务范围很感兴趣。与客户良好的合作关系使公司有更好的商业发展前景，这种稳定的关系受到客户的称赞。马士基物流的综合服务吸引了很多新客户。只要客户需要，马士基就会提供相应的服务，这就是他们成功的关键。

思考：

1. 为什么马士基必须遵循“安全第一”的法则，这与马士基的成功有什么关系？
2. 马士基赢得客户信任的原因是什么？对我国物流企业从事营销活动有什么启示？

知识储备

营销观念是企业从事营销活动的基本指导思想，它包括了一个企业的经营态度和思维方式。它的核心问题是：以什么为中心来开展企业的生产经营活动。现代物流企业在加强日常营销管理的同时，要适应物流产业结构升级和市场竞争的急剧变化，适时调整物流营销的战略观念，以指导物流企业的生产经营活动。

一、营销观念的演变

营销观念是经济发展的产物，是一个复杂的社会过程。企业的市场营销活动可以在不同的市场经营观念的指导下进行，也就是说市场营销观念不是固定不变的，它随着社会经济的发展和市场形势的变化而变化。一般认为，具有代表性的营销观念有五种：生产观念、产品观念、推销观念、市场营销观念、社会营销观念。企业和其他组织无一不是在其中某一经营观念的指导下从事其生产经营活动的。

1. 生产观念

生产观念是一种古老的指导企业营销活动的思想，是生产力发展水平不高的产物。生产观念认为，顾客喜爱那些可以随处可得的、价格低廉的产品。这种观念的基本内容是：企业以改进、增加生产为中心，以产定销，认为“企业能生产什么，就销售什么”。在此阶段，企业的产品供不应求，是典型的卖方市场，即企业只要能生产出具有一定使用价值的产品就不愁卖不出去，因而企业经营的中心问题是怎样提高劳动生产率来满足社会需要。显然，这种营销观念随着市场供求形势的变化，尤其是市场竞争的加剧和买方市场的形成，其适用范围越来越小。

2. 产品观念

产品观念也是一种古老的指导企业营销活动的思想。产品观念认为，顾客总是喜欢优质的、有特色的产品，只要产品好就不愁卖不出去，生产者只要注意提高产品质量，做到物美价廉，就一定会产生良好的市场反应，顾客就会自动找上门来，即所谓“酒香不怕巷子深”。产品观念会引发“营销近视症”，例如美国的铁路运输业曾盛极一时，但是由于铁路公司仅看到自己所从事的是“铁路运输”，忽视了顾客所需要的是“运输服务”这一实质差异，将自己的经营业务局限于铁路运输这一特定的运输形式上，过分注意争夺在铁路运输上的优势，没有考虑到顾客需求的变化。当汽车、卡车、大型货车、飞机、管道等运输形式发展起来后，铁路公司就只有望其兴叹了。

小知识

营销近视症（Marketing Myopia）是著名的市场营销专家、美国哈佛大学管理学院西奥多·莱维特（Theodore Levitt）教授在1960年提出的一个理论。营销近视症就是不适当地把主要精力放在产品上或技术上，而不是放在市场需要（消费需要）上，其结果导致企业丧失市场，失去竞争力。这是因为产品只不过是满足市场消费需要的一种媒介，一旦有更能充分满足消费需求的新产品出现，现有的产品就会被淘汰。

3. 推销观念

推销观念也是许多企业奉行的一种营销活动指导思想。推销观念认为顾客不会主动选择和购买商品，只有强有力的推销、刺激、诱导，才能使顾客产生购买行为。因此，企业注重向消费者实行一定的推销技术或推销策略，去说服和诱导顾客产生购买行为。通常，推销观念被大量应用于推销“非渴求品”，即购买者通常情况下不会想到或者不会考虑要购买的产品，如保险、百科全书等。同时也被用于非盈利领域，如基金筹措、大学招生等。大多数企业在产品过剩时，也常常奉行推销观念。

推销观念与生产观念、产品观念相比有了很大的进步，即企业开始注重宣传，把重点放在销售环节上。但推销观念实质上与生产观念、产品观念一样，仍不注重市场调研和了解顾客的真正需求，仍然以生产为中心，同属“以产定销”的范畴。

小知识

20世纪20年代到第二次世界大战结束期间，随着生产社会化程度的提高，社会产品数量迅速增加，资本主义固有的产品生产过剩与有支付能力的需求相对不足的矛盾也日益突出，许多产品供过于求，市场形势由卖方市场开始转向买方市场。特别是1929年爆发的空前严重的世界性经济危机，使大批企业面临产品积压、市场萧条、破产倒闭的严重威胁。在这种形势下，多数企业意识到仅依靠扩大生产规模和降低成本是远远不够的，要在激烈的市场竞争中求得生存和发展，必须重视和加强产品推销工作，因而纷纷效仿推行“推销观念”。

4. 市场营销观念

市场营销观念是作为对上述各种营销观念的挑战而出现的一种指导企业营销活动的思想。该观念认为，实现企业诸多目标的关键在于正确判断目标顾客的需要和欲望，并且能够比竞争者更有效、更有利地传递目标市场所期望满足的东西。市场营销观念的基本内容是：顾客需要什么产品，企业就应当生产、销售什么产品。企业考虑问题的逻辑顺序不是从既有的生产出发，不是以现有的产品去吸引或寻找顾客；而是正好相反，从市场上的顾客需求出发，按照目标顾客的需要和欲望，比竞争者更有成效地去组织生产和销售。

市场营销观念的形成不仅从形式上，更从本质上改变了企业营销活动的指导思想，使企业经营哲学从以产定销转变为以销定产，第一次摆正了企业与顾客的位置。所以，市场营销观念的产生被认为是营销思想的一次重大变革。为了更好地理解市场营销观念，我们可将市场营销观念与推销观念进行对比，如图1-2所示。

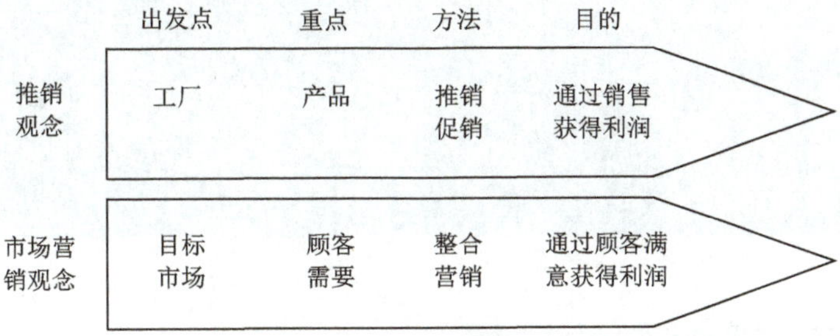

图1-2　市场营销观念与推销观念的比较

由图1-2可见，推销观念注重卖方的需要，采用由内向外的顺序，从工厂出发，以企业现有产品为中心，要求通过大力推销和促销活动来获得盈利性的销售。它强调征服顾客，获得短期销售量，而很少关心谁在购买以及为什么购买。市场营销观念则注重买方的需求，采用的是由外向内的顺序，从界定明确的目标市场出发，以顾客需要为中心，融合和协调所有影响顾客满意程度的市场营销活动，通过创造性的顾客满意来获得长期利益。

小知识

20世纪50年代以来，美国等发达资本主义国家相继进入市场经济阶段。随着科学技术的高速发展和战时庞大的军事工业转产民用产品，社会产品供应量剧增，品种花色丰富多样，产品更新换代的周期逐渐缩短；由于发达国家普遍实行高工资、高福利、高消费政策，促使消费者的购买力大幅度提高，消费需求和欲望不断变化，对商品的选择性大大增强。上述形势使资本主义世界的市场格局发生根本性变化，成为真正意义上的商品供过于求，卖主之间竞争激烈，买主处于主导地位的“买方市场”得以形成。面对这一变化，许多企业开始改变营销观念，调整营销策略，市场营销观念由此应运而生。

5. 社会营销观念

社会营销观念是对市场营销观念的重要补充与完善。社会营销观念认为，企业的任务是确定目标市场的需要、欲望和利益，并保证或提高消费者和社会福利的实现。企业提供产品，不仅要满足消费者的需要和欲望，而且要符合消费者和社会的长远利益，企业要关心并增进社会福利，营销要有利于并促进可持续发展。社会营销观念强调将企业利润、消费需要、社会利益三方面统一起来。

社会营销观念适应人类社会发展进步的要求，对市场营销观念做了有益的修正和补充。在这一观念指导下，企业营销不再以消费者需要作为唯一出发点，而是充分考虑社会利益，寻求消费者、社会与企业利益的综合平衡。

小知识

20世纪70年代以来，西方发达国家在经济高度繁荣的同时，也面临着一系列普遍性的社会问题，如环境污染、资源浪费、通货膨胀、忽视社会服务等。这些问题往往与许多企业只重视满足消费者需要而忽视社会整体利益和长远利益有关。例如，清洁剂的使用满足了人们洗涤物品的需要，但含有清洁剂的废水排放会造成水源污染。与此同时，随着西方消费者保护运动再度兴起，许多国家成立了保护消费者利益的组织，政府部门制定了相应的法律，不健康、不安全、不文明消费等行为受到消费者的广泛抵制和谴责。基于上述问题，有人提出：单纯的市场营销观念难以解决消费者需要与消费者及社会长远利益的冲突。企业应树立一种超越市场营销观念的新的经营哲学，社会营销观念由此而生。

二、物流营销观念的发展

1．客户满意观念

现代物流营销的观念主张要识别客户的具体需求，然后把资源集中起来去满足客户的需求，当企业所有的活动都致力于满足客户期望时，将使企业获得成功。一个成功的物流企业，首要的任务就是创造客户。20世纪90年代以后，物流企业的营销管理开始突出强调客户满意度，通过满意的客户去宣传企业的形象。

小知识

一个对你满意的客户会将其满意传递给6个人，而一个对你不满意的客户会将其不满意传递给12个人，营销学上称之为扩散定理。

（1）客户满意的含义。客户满意是一种心理感受状态，是客户对某一产品在满足其需求方面实际感受到的绩效与期望程度的比较与综合评价。客户满意既是客户本人再次购买的基础，也是影响其他客户购买的要素。对企业来说，前者关系到能否保持老客户，后者关系到能否吸引新客户，客户满意已经成为物流企业最宝贵的资源之一。

（2）客户满意度。客户满意度是指客户满意程度的感知性评价指标。客户在购买产品、服务前有一个要达到的标准，从而形成期望，购买产品、服务后将购买产品和服务的实际价值与自己的标准相比较，从中判断自己的满意程度。当实际效果大于期望时，客户会很满意；当实际效果等于期望时，客户会满意；当实际效果小于期望时，客户就会不满意。客户对某项产品和服务是否满意受许多因素的影响，诸如客户先前的购买经验或他人的口碑及商家的承诺。其中，产品质量是一个关键性因素，这是客户首要考虑的方面。此外，广告沟通、公共关系等也起着重要的作用。

（3）客户满意度的衡量标准。客户满意度是一种很难测定的、不稳定的心理状态，在实际工作中一般可以根据以下标准来衡量。

1）客户重复购买次数及重复购买率。这是衡量的重要标准。在一定的时期内，客户对某一产品或服务重复购买次数多，说明客户的满意度或忠诚度就高，反之就低。当然，还有其他的因素也会影响重复购买，必须根据不同的服务性质区别对待，才能确定这一指标的合理界限。

2）产品或服务的种类、数量与购买百分比，即客户购买某类产品或服务的品牌、数量以及客户最近几次购买各种品牌所占的百分比。这种百分比在一定程度上反映了客户对品牌的满意与忠诚。

3）客户购买挑选的时间。一般来说，挑选的时间越短，说明他对这一产品的忠诚度越高，反之越低。

4）客户对价格的敏感程度。客户对各种产品或服务的价格敏感程度不同，一般来说，对喜爱、信赖的产品和服务的价格变动敏感性低，对不喜欢、不信赖的产品和服务的价格变动敏感性高。

5）客户对竞争产品或服务的态度。客户对竞争产品有好感、兴趣浓，对某一品牌的忠诚度低，购买时很可能以前者代替后者；如果对竞争产品没好感、兴趣不大，则对某一品牌的忠诚度高，购买指向比较稳定。

6）客户对产品或服务的承受能力。客户对产品或服务的一般性质量事故或偶尔的质量事故持宽容态度，并会继续购买，则表明对某一品牌的忠诚度很高；若因此拒绝这一品牌，则忠诚度低。

2. 客户服务观念

物流企业的客户服务观念是创造竞争优势的决定因素之一。随着经济的发展和技术的进步，许多企业都懂得寻找竞争优势的关键领域，把客户服务作为重要的环节来抓，实施“服务为先”的客户管理创新。

（1）物流客户服务的含义。物流客户服务是指物流企业为促进其产品或服务的销售，发生在客户与物流企业之间的相互活动。它的内容主要包括：①物流客户服务是一项特殊的工作，是典型的客户服务活动。它包括了订单处理、技术培训、服务咨询、处理客户投诉等内容。②客户服务是一整套业绩评价。它包括了产品可得性评价、订货周期与可靠性评价、最低订货数量等内容。③从物流客户服务的过程看，物流客户服务包括交易前、交易中和交易后的各项服务。

（2）动态的服务观念。物流服务并不是一成不变的，它必须根据市场营销创意的变化而变化。这些创意从各方面都体现出如何为客户服务，客户的需要也会随时间、环境的变化而变化，所以物流企业必须在动态的条件下制定营销战略，从而指导实践。

（3）增值服务的观念。物流客户服务是一种特殊的活动，必须以增值为本，即为客户提供增值服务，从而也为自己带来收益。在增值服务的过程中，厂商可以提供产品包装、建立客户标志、创建特定的批量包装、提供有助于购买的信息、在产品上标价以及建立销售点展示等。在一个纯粹的物流过程中，增值服务需要从直接的存货交付或安排在端点间的往返作业或其他任何能对主要客户产生持续价值的服务上来体现。

能力培养与训练

实训活动一：物流企业调研

【活动目的】

通过对物流企业的实地调研或网络学习，使学生对物流企业有个整体性的认识。特别是对所调研的物流企业提供的物流服务、所持的营销观念及客户情况要有一个清楚的了解，并结合所学的理论知识，提出营销观念方面的建议。

【活动组织】

根据班级人数首先将学生分成若干调研小组，每组选一名组长，负责小组的调研工作。表1-2是调研小组成员及分工情况，要认真填写此表以备存档验收。

表1-2　调研小组成员及分工情况

组别：　　　　　　　　　　　　　　　　调研时间：

调研组长		成员	
调研单位		记录人	
调研内容			

【活动步骤】

1. 教师提出调研活动的提纲、要求及注意事项。
2. 以小组为单位记录调研内容，并整理调研材料。
3. 小组同学对调研成果进行交流、讨论，撰写调研报告。
4. 同学交流，教师点评。
5. 提交调研相关材料。

【活动要求】

以小组为单位，实地参观考察一家物流企业，记录所了解到的企业服务理念、物流经营领域和服务模式等，填写表1-3。

表1-3　物流企业调研报告

调研时间：

报告人		所在组别		组长	
调研目的			调研地点		
调研对象			调研方法		
调研报告主要内容					
序号	基本调研项目	具体内容			
1	企业现状				
2	成长历程				
3	经营理念				
4	服务领域				
5	服务目标				
6	服务模式				
7	主要客户				
8	客户关系				
9	客服情况				
10	销售状况				
调研体会					
营销观念方面的建议					

【考核要求】

调研活动的考核主要以小组为单位，考核的主要内容有小组成员的参与协作情况、调研报告的准备情况、发现问题的程度、理论知识的应用情况、体会深度等。根据各小组的表现，评选出优秀小组和调研能手。最后将调研活动的相关材料归档。

实训活动二：有关营销观念的讨论

【活动目的】

通过对营销观念的讨论，使学生认识到物流企业树立正确的营销观念的重要性，增加对理论知识的理解和把握，同时锻炼学生的思辨能力。

【活动组织】

根据班级人数首先将学生分成若干讨论小组，每组选一名组长，负责小组的讨论活动，并根据具体情况填写表1-4，要求认真填写以备存档验收。

表1-4　讨论情况记录表

组别：　　　　　　　　　　　　　　　　　　　　实训时间：

发言人		成员	
讨论题目		记录人	
观点阐述			
自我评价			

【活动步骤】

1. 任务下达：要求每名学生在给定的时间内准备发言的材料，可以广泛地搜寻和查找相关的材料，并利用本学习任务的理论知识分析材料里的具体内容，提炼出自己的观点，然后在小组内进行讨论。最后确定最佳主题，选定一名代表发言。

2. 现场交流：由每组选定的代表现场发言。

3. 教师评价：教师给出实训的评价。

【活动要求】

请每个小组任意选择下列讨论题目中的两个，充分准备并作发言。

1. 就课堂上讲授的营销观念的演变，谈谈你是怎样理解的。

2. 物流企业是服务型企业，应该树立怎样的营销观念？

3. 客户的满意度是衡量物流企业提供服务水平与能力的关键指标，怎样衡量和提高客户的满意度？

4. 你怎样理解增值服务？物流企业怎样做才能提供更好的增值服务？

【考核要求】

任课教师根据发言同学所持的观点、材料的引证情况、分析问题的深度等综合评价讨论的整体效果，就存在的问题与不足给出具体的意见，对表现好的同学给予表扬。最后将讨论活动的相关材料归档。

实训评价

被考评人		考评时间		考评地点		
考评内容						
考评指标		考评标准	分值/分	组内评价/分	组间评议/分	实际得分/分
专业知识技能掌握	营销观念的理解	掌握	10			
	物流营销观念的发展	理解	20			
	对客户满意的认知	掌握	10			
	理论知识的运用程度	实训活动完成情况	20			
通用能力培养	出勤情况	按时到岗，学习准备就绪	10			
	道德自律	遵守纪律，有责任心	10			
	学习态度	积极主动，勇于探索	10			
	团队精神	融入团队，分工合作	10			
合　计			100			

注：1. 被考评人是实训活动的发言人。
2. 考评内容是实训活动的项目。
3. 实际得分=组内评价×40%+组间评议×60%。
4. 考评满分为100分，59分及以下为不及格；60～74分为及格；75～84分为良好；85分及以上为优秀。
5. 考核材料存档。

单元内容

第二单元　综观物流营销环境

物流企业开展营销活动离不开特定的环境，分析物流营销环境是物流企业开展营销活动时要完成的主要任务之一。作为物流企业的营销人员，一定要在牢固树立物流市场营销观念的前提下，切实做好物流营销环境分析工作，维持好自己的客户，同时关注、重视竞争对手。唯有如此，物流营销活动才会取得应有成效。这就要求物流营销人员必须掌握物流营销环境分析、客户分析和竞争者分析的基本知识与方法，并能在物流营销实践中有效运用。

模块一　分析物流营销环境

模块描述

与任何其他类型的企业一样，物流企业的营销活动不是在真空中而是在一定的环境条件下进行的。从一定意义上说，物流企业的营销活动就是在监测内外环境、及时发现市场机会与威胁的前提下把握机会、躲避威胁，调整营销策略的过程，是更好地适应环境，提高营销活动的效果，有利于物流企业的生存与发展的实践过程。那么什么是营销环境？物流企业的营销环境包括哪些内容？物流企业如何对自己所处的营销环境进行有效分析，从而为营销策略的调整提供可靠依据？本模块将以分析物流企业的营销环境为中心来展开相关内容的学习。

模块目标

技能学习目标

1. 借助案例分析及学习相关材料，培养学生把握物流企业营销环境的能力。
2. 能够有效运用多种方式收集物流营销环境的相关材料，增强自主学习能力。

素质提升目标

1. 通过案例分析，提高学生理论联系实际的能力。
2. 通过实训活动，培养学生的团队合作意识。
3. 在分析材料的过程中，锻炼思维能力。

情景导入

位于重庆市永川区的申通门店对未来几年的营销环境进行了如下分析:

一是社会经济发展充满活力，区域一体化进程加快。国家正在采取强有力的政策扩大内需、振兴产业。信息一体化、交通一体化、市场一体化、物流一体化、金融一体化和生态环境治理一体化等区域经济一体化进程正在逐步推进。

二是政策与法律环境逐步完善，市场监管格局初步形成。快递服务的法律法规和标准化体系建设逐步完善，《快递市场管理办法》等法规的出台、《快递服务标准》的发布实施将为永川申通快递服务发展奠定坚实的法律基础。快递协会积极规范企业经营行为，消费者维权意识和能力显著增强，政府监管、行业自律、社会监督的快递市场监管格局初步形成。

三是交通基础设施日趋完善，技术创新不断涌现。永川区日趋便利的交通为区域内快递企业利用社会公共资源、实现集约化运营搭建了网络运输平台。

四是市场需求旺盛，发展潜力巨大。为达到电子商务配送的要求，申通现阶段正在积极发展申通e物流，已经针对电子商务配送领域专门开发了服务产品并设立了独立运作公司。随着全国电子商务在规划期内继续保持高速增长，电子商务配送将成为快递服务发展的重要增长点。

思考：

1. 什么是物流营销环境?
2. 本案例中的申通门店分析了营销环境哪些方面的因素?

知识储备

环境是指事物外界的情况和条件。物流营销环境是指与物流企业营销活动有关的各种外界条件和相关因素的综合。任何物流企业从事营销活动，都会受到来自企业内部与企业外部各种因素的影响。在当今经济全球化、市场一体化的时代，物流企业外部环境的变化十分迅速，已经大大超过了企业内部变化的平均速度，如不提高环境的适应能力和应变能力，将面临较大的市场风险。所以，研究营销环境对于指导物流企业的市场营销活动具有重要意义。

一、物流市场微观营销环境

物流市场微观营销环境是指对物流企业在市场中的营销活动产生直接影响的有关因素的集合，包括供应者、物流企业内部环境、客户、营销中介、竞争者和社会公众等。

1. 供应者

物流企业的供应者是指向物流企业提供开展物流业务所需各类资源和服务的其他企业、组织和个人。供应商对物流企业营销活动的影响主要表现在三个方面：一是供应的可靠性，即资源供应的保证程度，将直接影响物流企业的服务能力和交货期；二是资源供应的价格及其变动趋势，这将影响物流企业服务的成本；三是供应资源的质量水平，将直接影响物流企业提供服务的质量。因此，若供应商选择不当或出现问题，将会给物流企业的生产经营带来不可估量的损失。物流企业必须强化与供应商的合作关系。

2. 物流企业内部环境

物流企业为了实现经营目标必须具备必要的资源和条件，包括人力资源、信息技术、运输设备、装卸搬运机械及工具、存储设备、资金能力等自身条件。另外，还有企业的领导层和各职能部门，它们共同组成了物流企业的内部环境。营销部门在进行决策时，必须考虑这些自身条件的制约，要注意与其他部门的密切合作。如实施营销计划所需要的资金要由财务部门负责筹集；运输部门负责车辆调度与管理；仓储部门负责商品的保管与出入库管理；人力资源部门负责员工选拔与培训等。这些部门都对营销部门的计划和行动产生影响，因此各部门必须要以市场营销观念为指导，并协调一致的提供上乘的客户价值和满意度。

3. 客户

物流企业的客户是物流企业最主要的利益相关者，是物流服务营销活动的最终目标市场，是物流服务的对象，也是物流服务营销活动的出发点和归宿，企业的一切营销活动都应以满足客户的需求为中心，因此客户是物流企业最重要的微观环境因素。一般情况下，对客户的分析包括基本特征分析、购买过程分析和购买动机分析。

4. 营销中介

物流营销中介是指协助物流企业把物品从供应地运送到接收地过程中所有的中介机构，包括中间商、营销服务机构。对于物流企业而言，最主要的中间商就是各类货运代理机构；营销服务机构主要是指市场调研机构、营销咨询机构、广告以及媒体机构等。这些中介机构凭借其专业知识、经验、各种关系以及活动规模为物流企业提供专业服务，发挥重要作用。

5. 竞争者

竞争者是指与本企业争夺物流市场和资源的对手，包括现有的物流企业、从事同类产品及服务的所有企业和潜在的进入者。其实，物流企业的营销活动是在一群竞争者的包围下进行的。从不同的范围来讲，竞争者包括品牌竞争者、行业竞争者、形式竞争者和广义竞争者。例如，中远集装箱运输公司可以将马士基等国际集装箱班轮公司视为品牌竞争者；将经营干散货和油轮业务的航运公司归入到行业竞争者；将从事运输服务的企业如铁路运输企业、公路运输企业视为自己的形式竞争者。一般来说，品牌竞争者和行业竞争者是现实的竞争者，而形式竞争者和广义竞争者是潜在竞争者。对竞争者作深入的调查和分析，及时掌握其动向，是物流企业做出正确营销决策的重要条件和前提。

6. 社会公众

社会公众指对物流企业实现其营销目标有实际或潜在利害关系和影响力的组织、团体或个人。从广义角度来讲，除了以上已经分析的客户公众和供应商公众、竞争者公众以外，物流企业所面临的公众还有以下几种：政府公众、金融公众、媒介公众、一般公众等。

二、物流市场宏观营销环境

物流市场宏观营销环境是指借助于物流市场微观环境去影响和制约物流企业在市场中的营销活动的一系列巨大的社会力量，包括政治法律、经济、科学技术、自然、社会文化、人口环境等六个方面的因素，下面逐一进行分析。

1. 政治法律环境

政治法律环境是指一个国家的社会制度，执政党的性质，政府的方针、政策，以及国家制定的有关法令、法规等。这些往往是物流企业从事营销活动必须遵循的准则，因此，营销人员必须注意国家的每一项政策、法令的变化对营销活动的影响。

政治环境一般包括一个国家国内政治局势、方针政策和国际关系等。国内政治局势是指物流企业在某一个国家或地区开展营销业务活动时，所面临的该国家或地区的政治形势的现实状况及未来走势。方针政策是指根据政治环境变化的要求，各个国家在不同时期根据不同需要所制定和实施的规划物流行业的发展运营的经济体制和经济政策等。例如，

2004年9月国家发展改革委会同其他八个部委出台的《关于促进我国现代物流业发展的意见》明确指出要从四个大的方面加快中国物流业的发展。2009年3月，国务院出台《物流业调整和振兴规划的通知》，2011年国务院办公厅又发布了《关于促进物流业健康发展政策措施的意见》。对于从事国际物流业务的企业来讲还要注意对国际关系的研究。对国际关系的分析，应了解"政治权力"与"政治冲突"对物流营销活动的影响。

我国专门用于规范物流行业的单行法还没有出台，有关物流方面的法律法规主要有三类，包括法律、行政法规和部门规章。物流企业的营销管理者必须熟知有关的法律条文，才能保证物流企业经营的合法性，并学会运用法律武器来保护物流企业与消费者的合法权益。

小知识

物流法律法规指调整在物流活动中产生的以及与物流活动有关的社会关系的法律规范的总称。物流法律法规具有广泛性、复杂性、技术性和国际性的特点。

2. 经济环境

物流营销的经济环境是指直接影响物流企业营销活动的主要环境因素，其现状及未来走势会直接影响物流企业的营销实践。一般来说，物流营销的经济环境主要包括宏观经济环境和微观经济环境两方面。

（1）宏观经济环境。宏观经济环境通常是指一国的国内生产总值及其发展变化情况、社会总供给与社会总需求的状况及变化趋势、产业结构、物价水平、就业以及国际经济等方面的内容。国民经济持续稳定增长与繁荣会为物流企业的生存与发展提供有利机会；反之，就会带来困难和威胁。另外，世界经济的高速增长会导致国际贸易的相应增长，使得物流作业频繁，物流市场繁荣；反之，物流业就会出现萧条和不景气的情况。

小知识

2002年12月11日，我国正式对外商开放国际货运代理企业的控股权。

2005年12月11日后，中国物流业全面开放。

2006年前后，国内一些有实力的物流企业成功上市。

2008年我国物流业规模快速增长，物流业总体趋势良好，物流服务水平显著提高，发展的环境和条件不断改善，为进一步加快发展中国物流业奠定了坚实基础。

2009年3月，国务院出台《物流业调整和振兴规划的通知》。

2011年8月19日，国务院办公厅发布了《关于促进物流业健康发展政策措施的意见》。

（2）微观经济环境。微观经济环境是指物流企业所在地区或所服务地区的一系列经济因素与条件，主要指物流客户的购买力和收支结构等因素。这些因素直接决定着物流企业目前及未来的市场规模。物流客户的收入情况是物流企业应注重的主要因素，应从其可支配收入、支出模式、储蓄和信贷等方面进行分析。

可支配收入是从个人收入中，扣除消费者个人缴纳的各种税款和其他经常性转移支出后所余下的可用于个人消费和储蓄的数额。它构成实际的购买力，因此是影响消费者购买力和消费者支出的决定性因素。

小知识

在可支配收入中减去维持生活的必需支出，才是个人可任意支配收入。这是影响消费需求变化的最活跃因素，也是物流企业开展营销活动时所考虑的主要对象。

支出模式是指消费者收入变动与需求结构之间的对应关系，也就是常说的支出结构。随着消费者收入的变化，消费者支出模式会发生相应变化，继而使一个国家或地区的消费结构也发生变化。现在常用恩格尔系数来反映这种变化。

小知识

19世纪德国统计学家恩格尔根据统计资料，对消费结构的变化得出一个规律：一个家庭收入越少，家庭收入中（或总支出中）用来购买食物的支出所占的比例就越大，随着家庭收入的增加，家庭收入中（或总支出中）用来购买食物的支出则会下降。推而广之，一个国家越穷，每个国民的平均收入中（或平均支出中）用于购买食物的支出所占比例就越大。随着国家经济水平的提升，这个比例呈下降趋势。

随着我国社会经济的进一步发展和全面建设小康社会的稳步推进，从宏观角度来看，全社会对物流的总需求量会进一步增加，从微观角度来看，客户对于物流营销的效率、效果和质量的要求也会进一步提升，这些都对物流企业的营销提出了新的更高要求。

储蓄指城乡居民将可任意支配收入的一部分储存待用。在一定时期内货币收入不变的情况下，如果储蓄增加，消费支出便减少，物流营销机会可能减少；反之，如果储蓄减少，购买力和消费支出便增加，物流营销机会可能增加。

信贷是指消费者可凭信用先取得商品使用权，再按约定期限归还贷款。信贷消费允许人们实现提前消费，从而创造了更多的物流营销机会。

3. 科技环境

随着现代科技和信息技术的发展，各种现代化的交通工具与高科技产品不断涌现，为物流企业提供了技术条件和创造了更为先进的物质技术基础。科技进步对物流营销的影响主要表现在以下几个方面：增加了对物流的需求；对物流组织形式产生影响；提高了物流供给的效率、效果和质量；对具体物流营销业务活动产生影响。

小知识

物流技术是指物流活动中所采用的自然科学与社会科学方面的理论、方法，以及设施、设备、装置与工艺的总称。物流技术可以划分为硬技术和软技术两个方面。

4. 自然环境

自然环境因素主要是指一个国家或地区的自然地理位置、气候、资源分布、海岸线及其资源开发利用等。在这些因素中，地理位置对物流行业的发展和物流企业营销活动的影响尤为突出。例如，西藏地区物流业发展明显滞后于内地，原因是多方面的，自然地理条件就是重要制约因素之一。又如，天然的深水港口往往会成为航运类物流企业必选的物流基地。例如，锦州港位于渤海的西北部，是通向东北亚地区最便捷的进出海口，公路、铁路、管道、航空在港口周围形成密集的立体交通网络。虽地处北方，但冬季冻而不封，全年营运有效时间为365天。经过20几年的发展，锦州港正在成为西起欧洲德国汉堡港，经俄罗斯、我国满洲里至锦州港主要通道及东北亚地区国际综合物流的重要节点。

物流营销活动要受自然环境的影响，也对自然环境的变化负有责任。因此，物流营销人员必须注意到自然环境的变化以及相关法律政策的约束，牢固树立绿色物流观念，在营销活动中尽量减少对城市环境和自然环境的污染与破坏。

小知识

绿色物流是指在物流过程中抑制物流对环境造成危害的同时，实现对物流环境的净化，使物流资源得到最充分利用。它包括物流作业环节和物流管理全过程的绿色化。

5. 社会文化环境

社会文化环境是指物流企业所在国家或地区的社会发展现状和文化发达程度。一般由价值观念、宗教信仰、伦理道德、风俗习惯和审美观念等构成，它影响着人们的欲望与行为。如价值观念不仅影响社会成员对物流企业存在理由和目标的认识，而且会影响到顾客的兴趣与偏好。因此，物流企业在从事物流营销活动中不能忽视对社会文化环境影响的分析。

6. 人口环境

人口是构成物流市场的第一位因素。研究人口环境对物流企业营销的影响主要应注意分析人口数量与增长速度、人口结构、人口的地理分布及区间流动等因素对物流营销活动的影响。

三、物流营销环境分析方法

1. 矩阵图分析法

（1）市场机会分析。市场机会是指营销环境中对物流企业营销有利的各项因素的总和。分析评价市场机会主要有两个方面：一是考虑机会给物流企业带来的潜在吸引力的大小；二是考虑成功的可能性大小。如图2-1所示，其中位置2是最好的市场机会，其潜在的吸引力和成功的概率都大；而位置3的潜在吸引力虽大，但是其成功的可能性小。

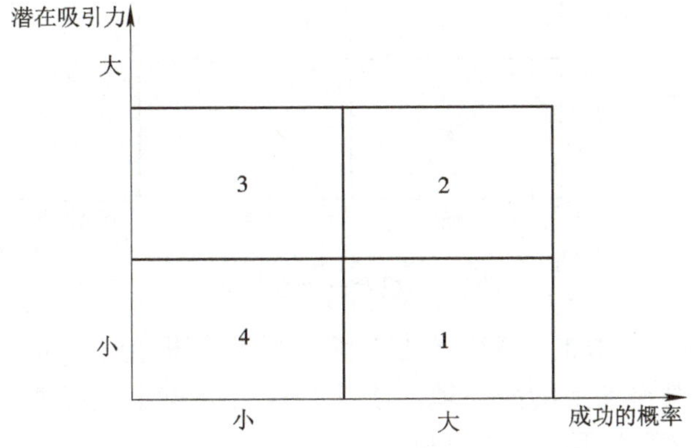

图2-1　市场机会矩阵图

（2）环境威胁分析。环境威胁是指营销环境中对物流企业营销不利或限制物流企业营销活动开展的各项因素的总和。营销者对环境威胁的分析主要从两方面考虑：一是分析环境威胁的潜在严重性，即对物流企业营销的影响程度；二是分析环境威胁出现的可能性，即出现的概率。如图2-2所示，位置1威胁出现的概率大，潜在的危害性小；位置2威胁出现的概率大，潜在的危害性也大；位置3威胁出现的概率小，潜在的危害性大；位置4威胁出现的概率小，潜在的危害性也小。物流企业可以根据不同的情况采取不同的对策。

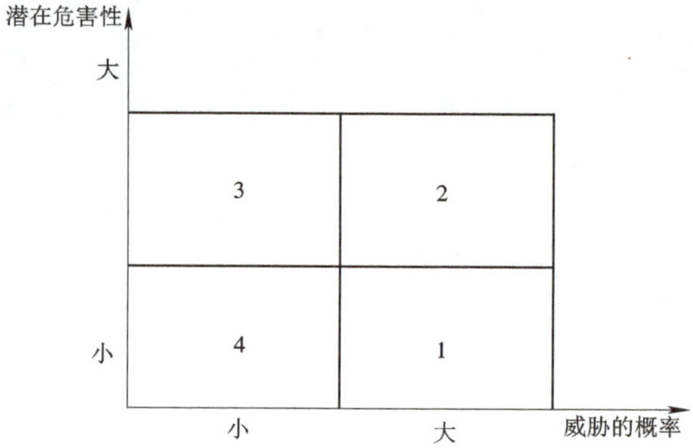

图2-2 环境威胁矩阵图

（3）综合环境分析。运用矩阵图法对市场机会与环境威胁进行分析评价，可出现4种不同的结果，如图2-3所示。位置1低机会、高威胁是困难环境；位置2高机会、高威胁是冒险环境；位置3高机会、低威胁是理想环境；位置4低机会、低威胁是成熟环境。物流企业面对不同的环境可以选择不同的策略。

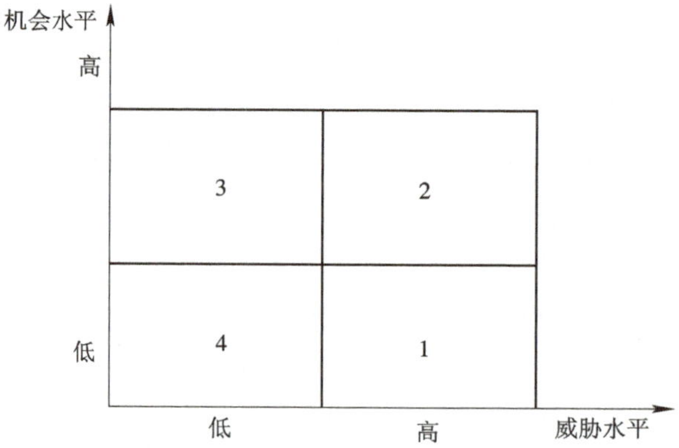

图2-3 机会—威胁矩阵图

1）面临理想环境应采取的对策。理想环境的特点是机会水平高、威胁水平低、利益大于风险，是物流企业难得遇上的好环境，物流企业必须牢牢把握住机遇，稳健地开展营销业务，争创营销佳绩，万万不可错失良机。

2）面临冒险环境应采取的对策。冒险环境的特点是机会和威胁同在，利益与风险并存。面临这样的环境，物流企业必须加强营销调研，进行综合分析，充分利用专家优势，小心决策，以降低或规避风险，争取尽可能大的利益。

3）面对成熟环境应采取的对策。成熟环境的特点是机会和威胁水平都比较低，是一种比较平稳的环境。在这样的环境条件下，物流企业不仅要做好常规经营管理工作，以保证企业正常运行，获得行业平均利润；而且还要蓄势待发、积蓄力量，为将来进入理想环境或冒险环境做好各方面的充分准备。

4）面临困难环境应采取的对策。困难环境的特点是风险大于机会，物流企业举步维艰、处境困难。物流企业面对困难环境有两种选择：一是必须要想方设法扭转局面；二是如果大势已去，无法扭转，则必须采取果断决策，撤出在该环境中的经营，另谋发展。

2. SWOT分析法

SWOT分析法是把组织内外环境所形成的机会（Opportunities）、风险（Threats）、优势（Strengths）和劣势（Weaknesses）四个方面的情况结合起来进行分析，以寻找制定适合本企业实际情况的经营战略的方法。应用SWOT分析法对物流企业的营销环境进行分析的具体步骤如下：

（1）分析因素。运用各种调查研究方法，分析物流企业所面临的各种营销环境因素，即外部环境因素和内部能力因素的现状、发展趋势及其对物流企业营销可能产生的影响。

（2）构造矩阵。将调查得出的各种因素根据轻重缓急或影响程度等排序，构造SWOT矩阵，如图2-4所示。

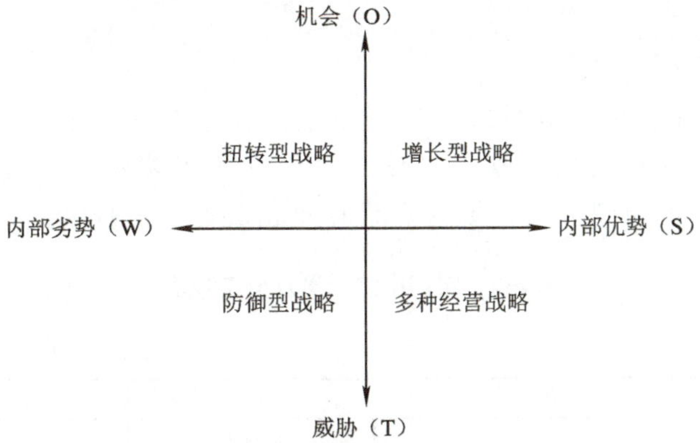

图2-4　SWOT分析图

1）增长型战略（SO）。当物流企业具有特定方面的优势，而外部环境又为发挥这种优势提供有利机会时，可以采取该战略。

2）扭转型战略（WO）。该战略利用外部机会来弥补内部弱点，使物流企业改劣势而获取优势的战略。

3）多种经营战略（ST）。多种经营战略是指物流企业利用自身优势，回避或减轻外部威胁所造成的影响。

4）防御型战略（WT）。当物流企业存在内忧外患时，往往面临生存危机，降低成本也许成为改变劣势的主要措施。

（3）策略选择。根据具体的分析与定位，物流企业可以选择的策略见表2-1。

表2-1 SWOT策略选择

SWOT评价结果	物流营销原则	物流营销战略方向	物流营销战略选择	物流营销策略
优势+机会（SO）	开拓	产品认知	增长型战略	占领市场、领导同行、增强实力
优势+威胁（ST）	进攻	品牌塑造	多种经营战略	集中优势、果断还击、提高份额
劣势+机会（WO）	争取	个性凸显	扭转型战略	随行就市、速战速决、抓住机会
劣势+威胁（WT）	保守	有效回收	防御型战略	降低费用、急流勇退、占领角落市场

能力培养与训练

实训活动一：掌握物流营销环境的基本内容

【活动目的】

通过本次实训，使学生掌握物流市场微观和宏观营销环境因素的内容以及物流企业营销活动的影响因素；同时培养学生利用所学的专业知识分析问题的能力和语言组织与表达能力。

【活动组织】

根据班级人数首先将学生分成若干实训小组，每组选一名组长，负责本小组成员的召集、考勤、分工、发言人的轮换等工作，以保证各组实训的顺利进行，达到实训目的。表2-2是实训活动的组织分工，要认真填写此表以备存档验收。

表2-2 实训小组成员及分工情况

组别：　　　　实训时间：

组长		成员	
发言人		记录人	
发言纪要			
教师点评			

【活动步骤】

1. 任务下达：要求每名学生在一周时间内通过网络、报纸、期刊等媒体，搜集物流营销环境分析的相关材料，并利用本模块的理论知识分析材料里涉及的具体内容，然后在小组内进行讨论。最后确定最佳材料，选定一名代表发言。

2. 现场交流：由每组选定的代表现场发言。
3. 组间评价：每个小组出一名代表，评价各组的发言情况。
4. 教师点评：教师给出实训的评价。

【注意事项】

为了更好地完成实践题目，教师在现场交流前最好给予细心指导。鼓励同学用电子邮件与教师进行沟通，现场交流时可以制作PPT文档。由于实训工作需要大量的准备时间，任课教师要事先与各组的代表作好沟通，并安排发言的顺序。

【考核要求】

任课教师根据学生查找材料的来源、选择材料的质量、分析材料的情况以及理论联系实际的程度等综合评价实践的整体效果，就存在的问题与不足给出解决的措施。最后将实训活动的相关材料归档。

实训活动二：应用SWOT分析法分析物流营销环境

【活动目的】

通过本次实训，目的是使学生初步掌握SWOT分析法分析物流营销环境的具体步骤和分析过程；同时培养学生分析问题的能力、语言组织与表达能力和系统思维能力。

【活动组织】

根据班级人数首先将学生分成若干实训小组，每组选举出一名组长，负责小组的实训活动，具体分工参照表2-2来完成，也可以在此基础上根据实训的具体情况做适当的完善，同样要求认真填写以备存档验收。

【活动步骤】

1. 教师介绍本次实训活动的内容、要求及注意事项，给出具体的实训材料。
2. 整体阅读并分小组分析讨论案例材料，梳理材料中的要点，归纳出SWOT要素。
3. 小组同学经过认真分析和讨论，总结出发言提纲与具体要点。
4. 现场发言交流，教师点评。
5. 教师总结。

【活动资料】

请分析下面的案例材料并完成下面的问题：

中储物流经过多年的发展，已拥有自己庞大的客户群，并开始实施从传统储运企业向现代物流企业转变的发展战略，该企业经过市场调研获得如下环境因素信息：

（1）仓储面积居全国同类企业之首，规划收益明显。

（2）经营网络优势，中储物流所属64个仓库分布在全国各大经济圈中心和港口。

（3）技术手段落后，信息网络不健全。

（4）社会上大的企业集团，诸如中远、中海等积极开展现代物流业务。

（5）社会上现代物流理念盛行，要求加快向现代物流企业转变。

（6）客户群大，拥有比较固定的客户网。

（7）物流设施设备陈旧，营运车辆少。

（8）机械化作业程度高，中储库房、货场都有龙门吊和行车覆盖。

（9）各类企业对个性化服务比较重视，要求提高服务档次。

（10）服务意识差，人员素质低。

（11）拥有便利的铁路专用线，全国各物流中心共有铁路专用线129条，总长达144公里。

（12）服务功能单一，多提供仓储等单一物流服务。

（13）国外大型物流企业涌入国内，加剧本来就已严峻的市场竞争。

请大家通过SWOT分析找出该企业的优势、劣势、潜在机会及威胁，确定该企业的业务类型，为该企业制定营销战略提供依据。

【注意事项】

为了更好地完成实践题目，教师在现场交流前最好给予细心指导。允许同学搜集和利用更多相关材料，鼓励同学用电子邮件与教师进行沟通，现场交流时可以制作演示文稿。

【考核要求】

实训活动的考核主要以小组为单位进行，考核的主要内容有小组成员的参与协作情况、发言材料的准备情况、语言表达情况、分析问题与理论知识的结合程度、发言效果等。根据各小组的表现，评选出优秀小组和最佳发言人。最后将实训活动的相关材料归档。

实训评价

被考评人		考评时间		考评地点		
考评内容						
考评指标		考评标准	分值/分	组内评价/分	组间评议/分	实际得分/分
专业知识技能掌握	物流营销环境的理解	掌握	10			
	物流营销宏观环境基本内容的把握	掌握	20			
	物流营销微观环境基本内容的把握	掌握	10			
	SWOT分析法运用程度	实训活动完成情况	20			
通用能力培养	出勤情况	按时到岗，学习准备就绪	10			
	道德自律	遵守纪律，有责任心	10			
	学习态度	积极主动，勇于探索	10			
	团队精神	融入团队，分工合作	10			
合　计			100			

注：1. 被考评人是实训活动的发言人。

2. 考评内容是实训活动的项目。

3. 实际得分=组内评价×40%+组间评议×60%。

4. 考评满分为100分，59分及以下为不及格；60～74分为及格；75～84分为良好；85分及以上为优秀。

5. 考核材料存档。

模块二　把持物流客户

模块描述

在市场营销观念的指导下，实施有效的市场营销策略，创造客户满意，从而实现客户忠诚是现代物流企业生存与发展的根本。了解、分析与把持客户是更好地为客户提供物流服务，使客户满意的出发点。通过本模块的学习要求学生了解物流客户的类型，掌握物流客户分析的方法。

模块目标

技能学习目标

1. 了解物流消费者市场和组织市场的特点。
2. 掌握影响物流消费者购买行为的因素和物流消费者购买决策过程。
3. 掌握影响物流产业客户、机构客户、政府客户购买行为的因素及其购买决策过程。

素质提升目标

1. 通过实地调研能力的锻炼，培养学生观察问题、分析问题的素质。
2. 通过既定问题的讨论，培养学生理论分析与逻辑表达的素质。

情景导入

UPS的绝大多数收入不是来自接收包裹的消费者，而是来自发送包裹的企业。对于企业来说，包裹传递只是涉及采购、库存、订单核实、发货、支付、商品退还以及其他的物流服务。除了实体包裹传递，公司还需要处理与之相应的资金和信息传递。许多公司还没有把这些活动看成是获得竞争优势的一项战略能力。

这就是UPS的切入点，也是UPS能做得最好的地方。多少年来，UPS不断壮大，成为不仅仅是邻里之间递送小包裹的公司。它现在是拥有350亿美元资产、提供广泛物流服务的企业巨人。UPS处理物流活动，让顾客把精力集中在它们能做得最好的地方。它能为客户提供的服务包括地上或空中包裹递送、货物递送（空中、海路、铁路和公路）、邮件服务到库存管理、第三方物流、国际贸易管理、物流管理软件和电子商务解决方案，甚至包括融资。无论一个企业的规模如何，UPS都有充足的资源去处理其物流需求。UPS公司每年投资10亿美元用于信息技术，以支持它的高度准时的物流服务，并使顾客能够掌握物流过程中每一时点的信息。

除了帮助客户在美国国内运输货物外，UPS公司还为企业客户摆脱了国际运输的烦恼。它每天开有800个国际航班，往返于466个国际终点站。虽然大多数居民不需要来往于中美之间的隔日送达空递服务，但是许多企业需要来往于亚洲制造区的运输服务。UPS确保重要物品的准时运输，如关键商业文件、高价物品（半导体等）和紧急修理零部件，它们每天都往返于太平洋上。UPS甚至提供便捷的美国海关通关服务，因此使产品快速地通过检查和出关。

在更深的层次上，UPS能够为大小企业提供所需的建议是技术支持，以改进它们的物流活动。UPS咨询部建议很多企业重新设计物流系统，使它们更适应其经营战略。UPS供应链方案帮助顾客使产品、资金和信息在供应链中的流动更协调一致。UPS物流技术为企业提供软件支持，帮助它们改进分销效率，包括街道路线最优化设计、区域计划、灵活递送实施、实时无线递送以及GPS跟踪。

对于居民消费者，UPS用卡车进行简单、高效的包裹递送。在产业市场上，它培育了更深入、更复杂的客户关系。UPS不仅提供简单的物流服务，而且成为企业的战略合作伙伴。

思考：

1. UPS的业务主要针对哪些市场？
2. UPS如何满足不同类型客户的购买行为？

知识储备

物流客户是指物流企业所提供的产品或服务的接受者。在消费导向型的社会中，企业的经营活动要以客户的需求为中心，对物流客户的分析实际就是对客户需求的一种把握。物流企业客户分析是指物流企业在对客户进行科学分类的基础上，通过分析明确各类客户需求特点和影响其消费行为的因素，掌握不同客户的消费类型及消费过程，为物流企业实现客户把持的营销活动过程。物流企业的客户分析是物流企业营销活动的根本着眼点。

一、物流客户的分类

1. 按照客户对物流企业的重要程度不同划分

按照客户对物流企业的重要程度不同划分，分为一般客户、潜力客户和关键客户。

（1）一般客户。客户的价值比较固定，一般只讲究实惠，看重价格，企业与客户的关系是价格利益的均衡。

（2）潜力客户。通常与企业建立战略伙伴关系，是企业的主要客户源，物流企业的目标是争取此类客户价值的提高。

（3）关键客户。数量上所占比重相对较少，但客户关系稳定，客户价值大，对企业的利润贡献最大。

三个层次客户的具体情况见表2-3。

表2-3 客户层次分类表

客户层次	客户数量比例（%）	客户关系档次	客户目标	企业利润比例（%）
一般客户	60	松散随机	客户满意度	10
潜力客户	30	经常往来	客户价值提升	30
关键客户	10	固定紧密	全面利益	60

2. 按照物流企业营销对象的不同来划分

按照物流企业营销对象的不同来划分，可以分为消费者客户和组织客户。

（1）消费者客户。许多个人对物流服务有需求，这些个人就是物流企业的消费者客户。对于物流企业来讲，众多消费者客户构成物流服务的消费者市场。物流服务的消费者市场具有以下特点：一是购买者分布的广泛性与分散性；二是购买行为诱导性强；三是物流服务需求的发展性和消费者购买力的可变性。

（2）组织客户。许多组织对物流服务有需求，这些组织就是物流企业的组织客户。物流企业的组织客户又可分为产业客户、机构客户、政府客户三类。物流服务的组织市场是指产业客户（即各类工商企业）为从事生产、销售等业务活动以及政府客户和机构客户为履行职责而购买物流服务所构成的市场。物流服务的组织市场具有以下特点：一是市场需求具有派生性；二是购买者数量少，相对集中，购买数额大；三是供需双方的关系密切；四是购买形式多样化。

小知识

客户分类是基于客户的属性特征所进行的有效性识别与差异化区分。客户分类通常依据客户的社会属性、行为属性和价值属性来进行。

二、物流客户行为分析

1．物流消费者客户购买行为分析

（1）购买行为类型分析。

1）习惯型购买行为。如果物流消费者客户需要的是价格低廉、经常购买、品牌差异小的物流服务，那么消费者客户就不需要花费太多时间进行选择，也无需经过收集信息、评价物流服务产品的特点等较复杂过程，因而其物流服务购买行为最简单。

2）变换型购买行为。有些物流消费者客户为了寻求多样化，不断变换所购物流服务产品的品牌。针对这种类型的消费者客户购买行为，物流营销者可灵活采用多种销售促进手段，鼓励这种类型的消费者购买。

3）协调型购买行为。有些物流消费者客户购买了某物流公司的服务以后，内心会感到一定程度的不平衡，他会主动化解这些不平衡，目的就是想证明自己的购买决定是正确的。针对这种类型的购买行为，物流企业的营销人员要做好售后服务工作，使其在购买后相信自己作出的决定是正确的。

4）复杂型购买行为。复杂的购买行为要求物流消费者客户更高的参与度。对于复杂型购买行为消费者，物流营销人员要采取各种策略，同时必须突出自身品牌的特性，利用互联网等先进手段来传递自身品牌的优点，以影响购买者对品牌的最终选择。

小知识

客户分析就是根据客户信息数据来分析客户特征，评估客户价值，从而为客户制订相应的营销策略与资源配置计划。

（2）购买行为过程分析。一般来说，物流消费者客户的购买行为过程包括相互联系的六个环节，即确认自身需要、收集相关信息、目标筛选、评估可行方案、购买决策与购后行为。

1）确认自身需要。确认自身需要是物流消费者客户购买行为过程的起始环节。这里的需要是指物流消费者客户的实际状态与期望值之间的差异。引起这种需要的可能因素可概括为内在刺激和外在刺激两类。针对这一环节，物流营销人员要善于洞察消费者的问题和实际需要，在此基础上分析应实施什么样的策略以及如何实施才能有效影响消费者对特定的物流服务产生明确需要。

2）收集相关信息。消费者形成了购买某种物流服务的动机后，如果不熟悉这种物流服务产品的情况，他常常要收集这方面的相关信息。通常，消费者会从个人来源、商业来源、公众来源、经验来源等四种途径获取信息。物流营销人员应仔细识别消费者的各种信息来源，分析评价其对消费者的作用和相对重要程度，设计营销组合以使消费者认知并了解自己的品牌。

3）目标筛选。物流消费者客户要结合所收集信息和自身需要对多个物流服务品牌进行筛选，删除不合要求品牌，全面比较后，决定购买选择的品牌集合中某一最合意者成交。物流企业的营销人员要多管齐下，千方百计使本企业品牌入围消费者选择的品牌集合，这样才有望成为消费者最终选择的目标。

4）评估可行方案。物流消费者客户要按照自己的偏好，首先对物流服务产品的属性赋予相应的重要性权数，然后形成物流服务品牌信念，进而得出对某物流服务品牌的总体评价；接着再对物流服务产品与自身的期望值进行比对，运用评价方法对不同品牌进行综合评价，直到选出最佳购买方案。

5）购买决策。物流消费者客户在目标筛选和评估可行方案这两个环节已经对物流服务品牌进行排序并形成了购买意向。事实上，物流消费者客户在作出购买决定时要作出一系列相对独立又相互联系的决定：购买哪种物流服务品牌，向哪家物流企业购买，购买时间以及用哪种支付方式等。

6）购后行为。物流服务购买以后，物流消费者客户本次购买最终实现，但物流营销活动并未终结，也就是说物流营销人员的工作并没有结束。消费者对物流服务是否满意将影响到购后行为。消费者购买后是否满意取决于消费者的期望值与物流服务所表现的性能之间的差异。

（3）影响购买行为的因素分析。影响物流消费者客户购买活动的因素主要有四大类：文化因素、社会因素、个人因素、心理因素。

1）文化因素。文化对客户行为的影响最深远，是社会绝大多数人接受并受其制约的价值观念和行为模式，是引发人类愿望和行为的最根本原因。其中，价值观对物流消费行为产生的影响备受关注。价值观影响物流消费者客户对物流服务产品的需求。当物流消费者客户在对候选物流服务产品选择的同时，价值观以多种方式作用于个人购买决策。虽然物流企业可以通过运用多种广告、销售策略来施加影响，但价值观潜移默化的力量不容低估。

2）社会因素。作为社会人，物流消费者的购买行为要受到一系列社会因素的综合作用与影响，其中比较重要的因素有家庭、群体、社会角色与地位等。家庭因素对购买者的行为影响比较大，营销人员在开展营销活动时，要充分考虑不同家庭决策类型对购买行为所产生的影响。相关群体对消费行为的影响体现在两个方面：一是示范性，二是模仿性。另外，消费者在作出购买决策前，需要考虑自己的角色和地位，物流企业应该根据消费者所处的地位推出不同的产品。

3）个人因素。物流消费者购买行为也受其个人因素的影响，特别是受年龄、职业、经济状况、生活方式和个性的影响尤为显著。个人职业影响着消费模式，具有不同职业的消费者对商品的需求往往不同。个人的经济状况对产品的选择影响较大，物流企业在进行产品推广的过程中要充分考虑个人收入、利率以及经济形势等因素的变动。另外，每个消费者都有自己独特的个性，在对品牌或产品选择时存在差异。

4）心理因素。心理因素对物流消费者购买行为的影响很复杂也很关键，物流营销人员可以从四个方面（即动机、感知、学习及信念和态度）进行分析和把握。动机会促使人们去满足需求。感知是人们为了解世界而收集、整理并解释信息的过程，人们对同样的刺激会产生不同的感知，往往会经历三种认识过程：选择性注意、选择性扭曲、选择性记忆。通过不断的学习和积累大量的经验可以引起个人行为的变化，学习往往反映在驱动、刺激、诱因和强化的交互作用中。通过学习和实践，人们形成了自己的信念和态度，会影响人们的购买行为。

小知识

美国心理学家马斯洛在1943年提出了著名的“需要层次论”。该理论认为人们的多种需要可分成五个相互递进的层次，即生理需要、安全需要、社交需要、尊重需要和自我实现需要。

2. 物流产业客户购买行为分析

（1）购买行为的主要类型。物流产业客户购买行为主要有三种类型：直接重购、修正重购、新购。直接重购是指物流产业客户的采购部门只需按常规原则向原有物流供应商重复购买原来的物流服务而不用做任何修正。修正重购是指物流产业客户对物流服务种类、供应商或交易条件进行部分修正后发生的购买。新购是指物流产业客户第一次购买某种物流服务的情况。在这种情况下，成本或风险以及收集信息的工作量大，决策参与者的人数多。新购行为对于物流营销人员来说既是难得的机会，也是极大的挑战，应该想方设法获取相关信息，施加必要的购买影响，全力促成新购行为完成。

（2）购买过程。物流产业客户的新购行为主要包括八个环节，即确认自身需求、说明自身需求、确定物流服务性能、寻求物流供应商、邀请物流供应商提出方案、选择物流供应商、制定和实施常规订货手续、检查物流服务运行情况。

1）确认自身需求。物流产业客户购买过程的起点是产业客户意识到某些物流服务能够满足其自身需要。引起物流产业客户需求的刺激既可来自物流产业客户内部，也可来自其外部。

2）说明自身需求。物流产业客户认识到自身对物流服务的需求后，接下来就要说明这种需求，其核心内容是确定所需要物流服务的质量和数量。在这个环节，物流营销人员应该帮助产业客户弄清需求，并利用有效手段向其提供物流服务特点与价值的相关信息。

3）确定物流服务性能。物流产业客户要通过价值分析来确定物流服务性能。价值分析的目的是降低成本，这项工作要求物流产业客户对物流服务作细致研究，选定最佳的物流服务性能或其组合，并给出相关描述。价值分析通常是物流销售商寻找新客户的有用工具，通过向物流产业客户进行有形展示，物流销售商可将直接重购转化为新购，并以此获得机会，赢得新客户。

小知识

价值工程是在产品开发设计阶段就进行的价值与成本革新活动。价值工程与价值分析两种活动都是对商品的价值、功能与成本的进一步作思考与探索。

4）寻求物流供应商。物流产业客户通过查找工商名录、利用网络查询等方式，可以列出合格的供应商清单，目的是找到满意的供应商。物流销售人员要关注那些正在寻求物流供应商的工商企业，并有针对性地对它们开展营销活动。

5）邀请物流供应商提出方案。物流产业客户需邀请入围的物流供应商提出供应方案。为了更好地答复物流产业客户的提案，物流营销人员必须对编写和提交销售计划等工作十分熟悉，这样才能使自己的企业形象胜竞争对手一筹。

6）选择物流供应商。物流产业客户要严格审查入围的物流供应商提交的供应方案。为此，物流产业客户常采用表格法，先列出入围的物流供应商的主要特征，然后按照这些特征来对供应商进行综合评价，在作出最后决定之前，物流产业客户往往试图和一些供应商进行沟通，以求获得一个更好的成交条件。最后，物流产业客户会从入围的物流供应商中选择一个或几个成交。

7）制定和实施常规订货手续。物流产业客户需要制定并实施常规订货手续。为了便于设备的运营与维护，物流产业客户常签订长期物流供应合同，而不是签分期订单。长期物流供应合同对于物流产业客户来讲有很多好处。例如，可节约每次订货洽谈成本，还能使物流产业客户通过合理控制订货量和订货次数，有效降低库存费用。

8）检查物流服务运行情况。物流产业客户要对供应商物流服务的运行情况进行必要的监控。其工作人员可以与物流服务操作人员联系，到现场监察。根据检查结果，可作出继续购买、修订购买或放弃购买的决定。在这一环节，物流供应商应注意摸清物流产业客户所考虑的因素，以确保客户满意。

（3）影响物流产业客户购买的因素。影响物流产业客户购买行为的因素主要包括环境因素、组织因素、人际关系因素和个人因素。

物流产业客户购买行为在很大程度上受当前和预期的经济环境、技术、政策、竞争、文化和风俗等因素的影响。物流营销人员必须善于准确判断这些因素是如何影响物流产业客户购买行为的，并最终将不利条件转化为机遇。物流产业客户都有其自身的使命、流程和体系。物流营销人员必须尽可能地了解这些组织因素，才能使自己的物流营销活动有针对性。物流产业客户通常是由众多人员组成，他们之间相互影响。对物流营销人员来讲，由于人际关系因素是非常微妙的，要搞清哪种人际关系因素影响购买过程往往存在一定困难。尽管如此，物流营销人员也要想方设法洞悉这些因素，并采取相应的营销措施。在物流产业客户的实际购买过程中，参与的每个成员都带有个人的动机和偏好。除此之外，参与的人员有不同的购买风格。因此，物流营销人员应了解物流产业市场采购人员的个人情况，以便实施“因人而异”的营销策略。

3. 物流机构客户购买行为分析

物流机构市场由学校、医院、民间协会、群团组织等机构组成。这些机构可分为营利性和非营利性两类，它们都有自身的使命与目标，要向它们提供服务，就要关注机构客户的需求特点和购买行为模式的不同。

许多机构的运营具有预算低和依靠赞助的特点，并且十分关注物流服务的质量。这就要求建立单独的部门以满足机构客户的物流服务需要。

4. 物流政府客户购买行为分析

（1）物流政府客户购买方式。

1）公开招标。公开招标指根据政府采购部门提出的采购要求，由合格的物流供应商进行投标，使他们彼此展开竞争，按政府采购部门确定的时间开标，从中择优选择中标者并与其签订合同。在有些情况下，政府采购部门会因为供应商的物流服务优越或信誉而给予一些折让。

2）议价合同采购。政府采购部门和一家或几家物流供应商接触，通过洽商和对比，最终只和其中一家合格的物流供应商进行直接谈判，协商合同，签字成交。

一般情况下，大的物流供应商赢得的政府合同会给小的物流供应商带来分包合同的机会。由此可见，政府采购活动可以在物流产业市场上产生引申需求，但是，签订分包合同的小物流供应商必须同原承包商成为利益共同体，一起分担风险。

小知识

政府采购，是指各级国家机关、事业单位和团体组织使用财政性资金采购依法制定的集中采购目录以内的或者采购限额标准以上的货物、工程和服务的行为。政府采购不仅是指具体的采购过程，而且是采购政策、采购程序、采购过程及采购管理的总称，是一种对公共采购管理的制度，也是一种政府行为。

（2）影响物流政府客户购买行为的因素。与物流产业客户和机构客户比较而言，物流政府客户的购买活动的独特之处在于它要受到外界公众的严密关注。许多私人监视团体也在密切关注物流政府客户的购买活动。除此之外，物流营销人员还应注意到物流政府客户的购买活动的另一个特点，就是非经济标准在政府物流采购活动中的作用日益加强。具体来说，其购买活动倾向于扶持不景气的企业和地区。

能力培养与训练

实训活动一：快递企业消费者客户分析

【活动目的】

通过本次实训，首先使学生了解我国快递业市场现状，掌握快递企业消费者客户分析方法；其次培养学生利用所学的专业知识分析问题的能力和语言组织与表达能力。

【活动组织】

根据班级人数首先将学生分成若干实训小组，每组选举出一名组长，负责本小组成员的召集、考勤、分工、发言人的轮换等工作，以保证各组实训的顺利进行，达到实训目的。表2-4是实训小组成员及分工情况，要认真填写此表以备存档验收。

表2-4 实训小组成员及分工情况

组别： 实训时间：

组长			成员	
发言人			记录人	
发言纪要				
教师点评				

【活动步骤】

1. 任务下达：要求每名学生在一周时间内通过网络、报纸、期刊等媒体，搜集我国快递业市场现状的相关材料。

2. 材料分析：利用本模块的理论知识分析材料里涉及的具体内容。如果你是消费者客户，试分析快递企业应该怎样做能使你更满意，同时归纳出你购买快递服务的行为过程。

3. 组织发言材料：小组内的成员依据讨论的结果，确定最终发言的思路和提纲。

4. 现场交流：由每组选定的代表现场发言，组内的成员可以作出补充。

5. 教师点评：教师给出实训的评价。

【注意事项】

为了更好地完成实践题目，教师在现场交流前最好给予细心指导。鼓励学生用电子邮件与教师进行沟通，现场交流时可以制作演示文稿。要注意理论知识的应用，理论知识的使用不受教材的限制，鼓励学生到图书馆借阅相关的书籍。

【考核要求】

任课教师根据学生查找材料的来源、选择材料的质量、分析材料的深度、理论知识的应用、活动的组织情况等综合评价实践的整体效果，就存在的问题与不足给出解决的措施，特别是要引导学生对消费者的购买行为进行深入的研究。最后将实训活动的相关材料归档。

实训活动二：中储的客户分析

【活动目的】

通过本次实训，首先使学生了解我国物流企业产业市场现状，掌握物流企业产业客户分析方法；其次培养学生材料分析的能力和语言组织与表达能力。

【活动组织】

根据班级人数首先将学生分成若干实训小组，每组选一名组长，负责本小组成员的召集、考勤、分工、发言人的轮换等工作，以保证各组实训的顺利进行，达到实训目的。表

2-4是实训小组成员及分工情况，根据实际情况可以做适当的修改，要认真填写此表以备存档验收。

【活动步骤】

1. 教师介绍本次实训活动的内容、要求及注意事项。
2. 整体阅读并分成小组分析讨论案例材料。
3. 各小组准备发言内容和确定回答问题的思路。
4. 现场发言交流，教师点评。
5. 教师总结。

【活动资料】

阅读下列材料，并回答问题。

中储近年来紧贴市场，根据不同客户对物流服务的需求情况，适时调整经营策略，大力发展全程物流代理、现货交易市场及行情实时发布、国际货运代理、配送等业务，取得了可喜的成绩。

中储现有客户主要有四类：

第一类客户是生产资料的生产和经销企业，包括金属材料、建筑材料、汽车、木材、机电产品、塑料、纸制品、化肥等生产及批发商，以金属材料为主。由于生产资料流通体制的改革和买方市场的形成，从20世纪90年代开始，许多仓库变为前店后库式的生产资料交易市场，有大中型金属材料市场近10个。客户包括：宝钢、首钢、鞍钢、武钢、邯钢、包钢、攀钢、浦项制铁、晨鸣纸业、一汽、二汽、天津汽车厂等。提供交易、仓储、加工、配送、信息等一条龙服务。中储目前在华北、东北、西北、华东等各大地区金属材料市场的年交易额达300亿元。

第二类客户主要是国家大型重点工程项目，已承接黄河小浪底水利枢纽、北京首都机场改扩建、来宾电厂等数十个国家重点工程大型设备的国际货运代理业务。服务内容包括：揽货，订舱，报关，报验，保险，接运，集装箱拼、装、拆箱，分拨、仓储及配送服务。对部分建设工程项目，实施生产资料配套采购及配送业务。

第三类客户主要是生产资料生产企业。最典型的是家电生产企业，如海尔、长虹、康佳、厦华、澳柯玛、LG、美的、夏新、爱立信、百威、青岛啤酒等。这部分客户是由中国市场经济飞速发展给中储带来的，主要提供生产和销售配送。如中储南京仓库成为长虹在江苏地区的配送中心，海尔将天津南一仓库和石家庄东三教仓库作为其华北地区的配送中心。目前这类业务的发展很快。为了提高服务质量，中储为客户及时提供在库及在途信息。

第四类客户是商业批发和零售企业。提供仓储、分拣机配送服务。

问题： 1. 中储的客户属于物流企业客户分类中的哪一类？请举例说明。
2. 这类客户的购买有什么特点？
3. 这类客户的购买过程有哪些环节？每一环节营销者应该注意什么？
4. 影响这类客户的购买因素有哪些？

【注意事项】

为了更好地完成实训题目，教师在现场交流前应给予细心指导。鼓励学生用电子邮件与教师进行沟通，现场交流时可以制作演示文稿。

【考核要求】

任课教师根据学生材料分析的程度、理论知识的结合情况、协作程度等综合评价实践的整体效果，就存在的问题与不足给出解决的措施。最后将实训活动的相关材料归档。

实训评价

被考评人		考评时间		考评地点		
考评内容						
考评指标		考评标准	分值/分	组内评价/分	组间评议/分	实际得分/分
专业知识技能掌握	我国快递业市场现状	了解	10			
	快递企业客户购买过程及影响因素	掌握	20			
	我国物流产业市场	了解	10			
	物流企业客户购买过程及影响因素	掌握	20			
通用能力培养	出勤情况	按时到岗，准备就绪	10			
	道德自律	遵守纪律，有责任心	10			
	学习态度	积极主动，勇于探索	10			
	团队精神	融入团队，分工合作	10			
合　计			100			

注：1. 被考评人是实训活动的发言人。
2. 考评内容是实训活动的项目。
3. 实际得分=组内评价×40%+组间评议×60%。
4. 考评满分为100分，59分及以下为不及格；60～74分为及格；75～84分为良好；85分及以上为优秀。
5. 考核材料存档。

模块三　关注竞争者

模块描述

从一定意义上说，物流企业营销的过程就是与竞争对手争夺客户的过程。知己知彼，百战不殆。只有充分了解竞争对手才能更好地为客户提供物流服务，提高客户满意度。通过本模块的学习，要求学生了解物流企业识别与评估竞争对手的有关知识，掌握物流企业选择竞争策略的方法。

模块目标

技能学习目标

1. 了解物流企业竞争对手的含义与类型。
2. 掌握物流企业识别与评估竞争对手的方法。
3. 掌握物流企业选择竞争策略的方法。

素质提升目标

1. 通过实地调研能力的锻炼，培养学生观察问题、分析问题的素质。
2. 通过既定问题的讨论，培养学生的组织活动能力。

情景导入

位于重庆市永川区的申通门店对自己的竞争对手EMS（邮政特快专递服务）进行了如下分析:

中国速递物流公司为中国邮政集团公司直属全资公司，主要经营国际、国内EMS特快专递业务，是中国速递服务的最早供应商，也是目前中国速递行业的最大运营商和领导者。公司拥有员工20 000多人，EMS业务通达全球200多个国家和地区以及国内近2 000个城市。

EMS特快专递业务自1980年开办以来，业务量逐年增长，业务种类不断丰富，服务质量不断提高。除提供国内、国际特快专递服务外，EMS相继推出国内次晨达和次日递、国际承诺服务和限时速递等高端服务，同时提供代收货款、收件人付费、鲜花礼仪速递等增值服务。

EMS拥有首屈一指的航空和陆路运输网络，依托中国邮政航空公司，建立了以上海为集散中心的全夜航航空集散网，现有专用速递揽收、投递车辆20 000余部。覆盖最广的网络体系为EMS实现国内300多个城市间次晨到达、次日递送提供了有力的支撑。

EMS具有高效发达的邮件处理中心。全国共有200多个处理中心，其中北京、上海和广州处理中心分别达到30 000平方米、20 000余平方米和37 000平方米，同时，各处理中心配备了先进的自动分拣设备。

EMS还具备领先的信息处理能力，建立了以国内300多个城市为核心的信息处理平台，与万国邮政联盟（UPU）查询系统相连接，可实现EMS邮件的全球跟踪查询，建立了以网站、短信、客服电话三位一体的实时信息查询系统。

EMS一贯秉承“全心、全速、全球”的核心服务理念，为客户提供快捷、可靠的门到门速递服务，最大限度地满足客户和社会的多层次需求。

思考:

1. 本案例中邮政EMS的业务主要有哪些?
2. 本案例中邮政EMS的优势主要有哪些?

知识储备

市场经济的基本法则就是优胜劣汰。一个物流企业单纯了解市场是不够的，还要了解竞争者，并及时、准确、恰当地分析竞争者，明确自身所处的竞争地位，制定并实施有效的竞争战略，只有这样才能抗衡甚至战胜对手，取得竞争优势，从而立于不败之地。

一、物流竞争者的识别

物流企业只有对所在市场、行业的竞争者进行充分研究，才能增强自身参与竞争的能力。对竞争者的识别不仅是把与自己提供相同物流服务、相似服务价格、类似促销方式的企业作为竞争者，也不能忽视那些未来可能对自己构成威胁的竞争对手，有时潜在的竞争者对企业的威胁比现有的竞争者更大。

物流企业对竞争者的识别可以从市场、行业两个角度来分析。

1. 从市场角度分析

从市场来看，物流企业的竞争者是一些力求满足相同客户需要的其他物流企业。例如，对于快递公司与普通物流公司来说，如果客户对时效性要求不高，所需配送的物品不是很贵重，由于普通货运价格的优势，客户通常会选择普通货代服务。从市场方面考虑，企业深入了解现有和潜在竞争者的范围，更有利于企业准确地识别竞争者。

2. 从行业角度分析

行业是指提供同类产品或可相互替代产品的企业。企业所在行业的竞争强度或吸引力取决于五种基本竞争力量，即现有竞争者之间的竞争 、潜在竞争者的威胁、替代品的威胁、客户讨价还价能力、供应商的讨价还价能力。正是这些力量的综合作用，影响了物流企业在行业中最终的获利能力。行业分析模型如图2-5所示。

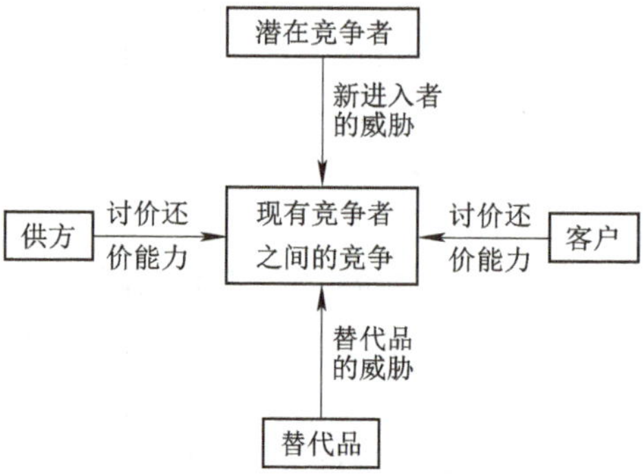

图2-5　行业分析模型

（1）现有竞争者之间的竞争

同行业内现有企业之间的竞争是因为争夺社会资源、抢占市场份额引发的，一般通过企业间的价格战、广告战、新产品研发以及提供增值服务等手段表现出来。这种竞争是最直接、最明显的竞争。对现有竞争对手的研究主要包括以下内容：一是行业内竞争的基本情况。竞争对手的数量是多少？分布在什么地方？各自的规模、资金、技术力量如何？对基本情况研究的目的是要在众多的同行中找出主要的竞争对手。二是主要竞争对手的实力。主要竞争对手的实力主要来自哪些方面，只有深入地分析竞争对手的实力，物流企业才能在知己知彼中制定出有效的对策。三是研究竞争对手的发展方向。要关注主要竞争者的战略动向，包括服务产品开发和市场拓展或转移动向。这样才能制定出相应的竞争策略。

（2）替代品的威胁

替代品可以在功能上部分或全部代替某一产品，由于替代品的存在限制了企业的产品价格，从而限制了企业的潜在收益。就物流行业来说，不同的运输方式之间就是一种替代关系，随着我国铁路覆盖范围的不断延伸，铁路货运费用相对低于公路费用，公路运输就会面临来自铁路运输的威胁。

（3）新进入者的威胁

任何一种产品或服务的生产经营，只要有利可图都可能招来新的进入者。对于物流行业来说，竞争者的加入必然会加剧现有企业间的竞争。如果新进入者面临的进退壁垒较高，新进入者的威胁就会比较低。企业可以通过扩大经济规模、提高初始投资量、增强产品研发力度等方式来实现产品的差异化，提高市场的进退壁垒。

（4）供方讨价还价能力

供方也是企业整个“价值传递系统”中的重要环节之一。如果企业的供方较强势，那么在双方交易过程中，供方就会更具话语权。例如，由于宝洁公司在日用消费品市场上占有极大的市场份额，在与零售商的交易过程中自然表现比较强势，可以要求将宝洁的产品放在超市最明显的位置，以体现其品牌的优势。对于一个具体的物流企业而言，油料公司、运输工具制造商、各类场站、运输工具租赁公司等都可能成为供方。来自供方的压力主要表现在以下几种情况：一是当供方产业由几个企业支配，且集中化程度比物流企业高时，往往能在价格及交货期上施加一定的影响。二是当物流企业不是供方集团的主要客户时，供方往往会提高服务价格。三是当供方的产品成为物流企业的主要投入资源时，使得供方在讨价还价时多了谈判的筹码。四是当供方表现出一体化的现实威胁时，物流企业的底气会明显不足。

（5）客户讨价还价能力

物流客户可以通过压低物流服务价格、要求物流企业提供更好的服务、索取更多的服务项目等方式对物流企业施加压力。在下列情况下，客户的讨价还价能力比较强：对于购买者，可以选择的同类产品比较多，产品属于标准化或无差异的产品；市场上此产品供大于求，并且有足够的替代品；购买几乎没有转换成本等。

二、物流竞争者的评估

物流企业识别了所面临的竞争者后，接下来就要进一步分析每个竞争者的市场目标与发展战略；评估竞争者的实力与反应模式。

1. 判定竞争者的目标和战略

物流企业参与竞争时，有多种竞争目标可供选择。研究竞争者的经营目标的有效方法是分析其在本行业中的经营历史、管理背景、现行战略和潜在能力。如对背景的分析可以考虑高层领导人的职业背景、过去采取的和不曾采取的各类战略以及高层领导的文化背景和价值观念。

通过分析竞争对手所采取的战略的内涵及特点，对物流企业制定自己的竞争战略具有重要指导意义。对现行战略的分析重点是看竞争者采用何种战略，是实施市场领先者战略、市场挑战者战略、市场跟随者战略还是市场补缺者战略。另外，物流企业必须将物流行业内各企业划分成不同的战略集团，这样划分的依据是本行业内各企业所处战略地位的差异，其次分析行业内各个战略集团的相互关系如何，然后明确自己处于哪个战略集团，与自己处于同一战略集团的企业才是最近的竞争者。物流企业要想进入某一战略集团，以下两点不能忽视：一是进入不同战略集团遇到的障碍不同；二是企业自身必须具备进入该战略集团的战略优势。

小知识

战略集团是指一个产业内执行同样或类似战略并具有类似战略特征的一组企业。在一个产业中，如果所有的企业都执行着基本相同的战略，则该产业中只有一个战略集团。

2. 评价竞争者的实力

竞争者实施的营销战略的强度取决于竞争者所拥有的资源和能力。对竞争者实力的分析，主要包括服务产品组合、营销地位、经营规模、管理能力、生产技术和资本实力。如服务产品组合就是要清楚竞争者的产品组合的广度和深度；营销地位是指企业在市场中营销的效率和市场号召力，通常用品牌的地位和知名度来确定。

3. 评估竞争者的反应模式

由于企业的营销管理哲学不同，他们对竞争者的反应是不同的。一般而言，有以下四种反应模式：

（1）从容型竞争者。从容型竞争者对竞争对手的行为没有反应或反应不强烈。他们可能认为客户对自身品牌的忠诚度很高，对手的行动对其不会造成太大的影响，或缺乏作出反应所需的资金条件等。

（2）选择型竞争者。只对某些类型的攻击作出反应，而对其他类型的攻击无动于衷。比如，对降价行为采取相应的措施，而对增加广告费用不作任何反应。了解竞争者会在哪些方面作出反应有利于物流企业选择最为可行的攻击类型。

（3）凶狠型竞争者。此种类型的竞争者对所有竞争对手的攻击行为都会作出最强烈的反应。一般而言，他们的实力强、市场占有率较高、品牌知名度也高，通过迅速反应来警告其他竞争者停止任何攻击，否则可能会遭受更强烈的报复。

（4）随机型竞争者。随机型竞争者对竞争攻击的反应具有随机性，有无反应和反应强弱无法根据其以往的情况加以预测。

三、物流竞争策略选择

物流企业在确定了主要竞争者，分析了其竞争实力和反应模式后，同时根据自己在目标市场中的角色来选择相应的竞争战略，主要有领导者战略、挑战者战略、追随者战略和补缺者战略。

小知识

竞争策略是指使企业在某一特定产业或市场中建立竞争优势的方法。竞争优势是指企业具有某种其竞争对手没有或相对缺乏的特殊能力，以便其能更有效、更经济、更快捷地为客户提供所需的产品和服务。

1. 领导者战略

由于市场的瞬息万变，处于领导者地位的物流企业若不能准确地判断竞争形势，步步为营进行战略部署，其地位就可能被其他企业所替代。要想保住市场领导者地位，物流企业可以采取以下措施：一是设法扩大社会总需求。因为物流市场领先者的市场占有率最高，需求总量扩大，其销售量增长最多。二是凭借已有的市场地位，采取良好的进攻措施和防御措施以保护当前的市场份额。

2. 挑战者战略

作为挑战者一般也具有相当的实力，企业的规模也比较大。处于挑战者地位的物流企业往往采取的战略是：一是进攻市场领导者。如果获得成功，取代被挑战者的市场地位，扩大市场份额；如果失败，容易遭到被挑战者的报复。针对上述两种情况，物流企业可以权衡后重新进行战略部署。例如，可以进攻竞争对手的劣势部分或者对竞争者市场覆盖范围的缝隙发起进攻。二是挑战与自己实力相当或更小的企业。通过提供差异化的产品、缩短产品的研发周期、提供完善的物流服务，甚至是低价的促销策略来排挤风险抵御能力弱、灵活性差的企业，实现自身规模的扩大。

3. 追随者战略

市场追随者通过对市场领导者的追随，可以借鉴、模仿、改进领导者的新产品，学习其经验，降低自身产品的研发投入。追随者并不等同于消极被动或完全照抄领导者，追随者战略可以分为以下三类：一是紧密跟随。紧密跟随是指物流市场跟随者在各个细分市场和产品、价格、渠道及促销等营销组合因素方面尽可能模仿物流市场领先者，几乎不进行任何创新的策略。二是距离跟随。距离跟随是指物流市场跟随者在主要方面（如目标市场、产品质量、功能、价格水平和分销渠道等方面）都模仿物流市场领先者，但在其他方面（如包装、广告等）与领先者保持若干差异。三是选择跟随。选择跟随是指物流市场跟随者在某些方面紧跟领先者、在某些方面又有自身特色而与领先者完全不同的策略。

4. 补缺者战略

市场补缺者往往是资源、能力比较有限的企业，为了避开与强大的竞争对手争夺市场，通过寻找细分市场中的潜在需求，率先填补大企业无暇顾及的市场缝隙。市场补缺者非常了解目标客户群体，集中优势资源来满足补缺市场的需求，提供专业化的服务，以获得相应的竞争优势。

能力培养与训练

实训活动：航空货运行业竞争分析

【活动目的】

通过本次实训，目的是使同学们初步学会使用行业分析模型分析某一行业的竞争状况，同时培养学生的活动组织能力和沟通能力。

【活动组织】

根据班级人数首先将学生分成若干实训小组，每组选举出一名组长，负责本小组成员的召集、考勤、分工、发言人的轮换等工作，以保证各组实训活动的顺利进行，达到实训目的。表2-5是实训小组成员及分工情况，根据实际情况可以做适当的修改，要认真填写此表以备存档验收。

表2-5　实训小组成员及分工情况

组别：　　　　　　　　　　　　实训时间：

组长			成员	
发言人			记录人	
发言纪要				
教师点评				

【活动步骤】

1. 教师介绍本次实训活动的内容、要求及注意事项。
2. 整体阅读并分成小组分析讨论案例材料。
3. 各小组准备发言内容并确定回答问题的思路。
4. 现场发言交流，教师点评。
5. 教师总结。

【活动资料】

阅读下列案例材料，回答问题。

目前，航空公司的货运业务面临着恶劣的竞争环境，运用行业分析模型可以清晰地描绘这种竞争形势。

产业内竞争者。航空公司之间的竞争已经进入了尴尬的境地，由于各自都无法找到更加有力的竞争利器，最终导致了价格成为竞争的焦点，航空公司陷入了难以自拔的价格战的“囚徒困境”。

供应商。航材、航油的垄断经营，使得航空公司的经营成本始终居高不下。

买方。运力供应的相对过剩、航空公司之间的恶性竞争、代理人和货主的不断壮大，都使得客户的议价能力大大提高，航空公司被迫提高服务质量、降低价格。

潜在进入者。随着国内航空市场的逐渐开放，国内民营资本进入航空业已成必然趋势，国外航空巨头也对我国航空市场虎视眈眈。

替代品提供者。火车提速、高铁运营、高速公路网络的完善，使铁路、公路货运向航空货运提出挑战。

问题：1. 通过阅读案例材料，识别航空货运行业的竞争者有哪些？

2. 根据竞争的状况，航空货运如何制定竞争策略？

【注意事项】

为了更好地完成实践题目，教师在现场交流前最好给予细心指导，要求同学通过网络等渠道搜集相关材料，丰富案例内容。同时为了更好地分析问题，可以拓展理论知识的范围。鼓励同学用电子邮件与教师进行沟通，现场交流时可以制作演示文稿。

【考核要求】

任课教师根据学生实训组织情况、理论知识应用程度、分析材料的深度等综合评价实践的整体效果，就存在的问题与不足给出解决的措施。最后将实训活动的相关材料归档。

实训评价

被考评人		考评时间		考评地点		
考评内容						
考评指标		考评标准	分值/分	组内评价/分	组间评议/分	实际得分/分
专业知识技能掌握	物流企业竞争者的含义	了解	10			
	物流企业竞争者的识别	掌握	20			
	物流企业竞争者的评估	了解	10			
	物流企业竞争策略选择	掌握	20			
通用能力培养	出勤情况	按时到岗，学习准备就绪	10			
	道德自律	遵守纪律，有责任心	10			
	学习态度	积极主动，勇于探索	10			
	团队精神	融入团队，分工合作	10			
合　计			100			

注：1. 被考评人是实训活动的发言人。
2. 考评内容是实训活动的项目。
3. 实际得分=组内评价×40%+组间评议×60%。
4. 考评满分为100分，59分及以下为不及格；60～74分为及格；75～84分为良好；85分及以上为优秀。
5. 考核材料存档。

单元内容

第三单元　洞察物流市场

物流市场调查与预测是物流企业市场营销的前提和基础，也是营销活动过程中必不可少的组成部分。物流企业只有进行科学的市场调查与预测，洞察物流市场的状况，才能把握市场运行规律，寻求物流企业市场的突破口。因此，对于现代物流企业市场营销人员来说，熟悉和掌握物流市场调查与预测的方法和技能是非常必要的。

模块一　体验物流市场调查

模块描述

在激烈的市场竞争中，企业自身资源、能力以及战略不同，往往会导致不同的命运。一个默默无闻的小企业可能因高度重视市场调查，及时抓住了商机，成为本行业中的“巨无霸”；也有一些百年名企可能忽略市场信息而使其经营活动陷入窘地。因此，只有建立在正确的市场调查与分析之上的决策，才能使企业在市场竞争中立于不败之地。

本模块将完整呈现物流市场调查工作的全过程，并结合相应的实训活动组织各小组自主地开展主题调查活动，使学生掌握市场调查相关知识、技能和素养，培养学生解决物流营销实际问题的能力。

模块目标

技能学习目标

1. 在案例分析与相关材料学习过程中，培养学生的市场调查能力和市场分析能力。
2. 通过实训，使学生能够根据营销目标制订调查方案、设计调查问卷；学会挖掘、甄选与汇总市场资料和信息，掌握市场营销数据采集技能；提高文案编写能力。

素质提升目标

1. 激发学生在学习过程中的积极性、主动性；培养学生勤思考、善表达、能写作的能力。
2. 在实训过程中进一步提升学生的团队合作能力和竞争能力。

情景导入

美国麦当劳公司从一家名不见经传的快餐店发展成为国内有5 000多家分公司，在全世界40多个国家和地区有4 000多家分店的国际快餐经营集团，其在营销过程中的一个重要宗旨就是：用市场研究的成功，确保市场营销的成功。

麦当劳在北京的分店于1992年4月23日开业。但早在1984年年底，美国麦当劳总部就派出专家，对我国河北、山西等地种植的上百种马铃薯进行考察，对其成分逐一进行分析和测定，最后确定麦当劳的专用马铃薯生产基地。

思考：

1．麦当劳进军中国市场时为什么要进行市场调查？

2．市场调查的基本步骤是什么？

知识储备

物流市场调查是指物流企业为了提高营销决策质量以发现和解决营销中的机遇和问题，而系统地、客观地识别、收集、分析和传播信息的工作。它是物流企业营销的基础，科学充分的市场调查更是物流企业获得利润的保证。因此，系统地掌握物流市场调查体系及其过程至关重要。

一、物流市场调查概述

1. 物流市场调查的目的

物流市场调查的主要目的是为了更好地进行物流营销决策服务，一般包括：了解市场需求；识别发展机会；找出与主要竞争对手的差距；衡量客户的满意度等。调查目的也可以进一步归纳为：

（1）探索性调查目的。收集初步资料来帮助决策者认识和理解所面对的问题，主要是为了发现问题或者寻找市场机会，为进一步的调查活动作准备。

（2）描述性调查目的。收集和记录各种资料数据来描述和反映物流市场的客观情况，如产品的消费群结构、客户的满意度、竞争对手的状况等。

（3）因果性调查目的。检验某种假设或某一问题现象的因果关系，如物流企业产品或服务的价格水平上涨10%会不会对消费者的购买需求有明显的影响。

2. 物流市场调查的内容

（1）物流市场需求调查。物流市场需求是指社会能够通过市场交换而消费的物流服务的数量，主要包括市场容量调查、物流需求特点调查、市场需求变化趋势调查等。

（2）物流市场供给调查。与物流市场需求相对应，物流市场供给是指在一定时期内社会能够向市场提供有效物流服务的能力或者资源，即在一定价格水平下企业愿意提供的各种物流服务的数量，主要包括市场供给总量调查、市场供给结构调查等。

（3）物流市场环境调查。物流市场环境是物流企业生存和发展的基础，主要包括对政治和法律环境、经济和技术环境、人口和自然环境、社会和文化环境的调查。

（4）物流市场营销状况调查。物流市场营销状况调查是围绕物流营销活动而展开的市场调查，主要包括物流产品调查、销售渠道调查、促销调查、销售服务调查、竞争对手调查等。

3. 物流市场调查的作用

（1）发现和更好地满足消费者需求。

（2）有利于物流企业明确目标市场和发展方向。

（3）有利于物流企业增强竞争力，提高经济效益。

（4）有利于物流企业制定市场营销组合策略。

（5）有利于物流企业提高经营管理水平。

小知识

物流市场调查是一项重要又复杂的工作，必须遵循系统性、科学性、客观性、针对性、时效性等基本原则。系统性原则主要是指调查者在进行调查时要注意事物之间的内在联系和因果规律性；科学性原则主要是指物流市场营销调查及其结论要注重实证性和逻辑性；客观性原则要求调查者对客观事实采取实事求是的调查态度；针对性原则要求调查者的调查目的要明确，具有针对性；时效性原则要求调查者必须掌握最新的调查资料来反映物流市场的真实情况。

二、物流市场调查步骤

物流市场调查的步骤如图3-1所示。

图3-1　物流市场调查的步骤

1．明确调查目的

物流市场调查的第一步就是要求物流调查人员明确调查目的，即明确为什么要进行此项调查，调查中要解决哪些问题，通过调查取得什么样的资料，取得的资料有什么用途。

在许多情况下，营销调查人员对所需调查的问题或者目的尚不清楚，这就需要收集有关资料作初步分析研究。收集资料的来源有：现有的资料，如企业业务活动记录、产品质量、消费者的消费习惯、流通渠道情况等；向专家或有关人员作调查。这样，对市场进行认真研究找出症结所在后，调查目的便会明晰。

2．制订调查方案

经过初步情况分析，调查人员通过与企业内部相关人员进行座谈、向专业人士和有代表性的客户征求意见等方式，在参考他们的看法和评价的基础上制订调查方案。

一个完善的市场调查方案一般包括以下几个方面。

（1）调查目的。在调查方案中列出本次市场调查的具体目的和要求。

（2）调查对象。调查对象是指根据调查目的所确定的调查的总体，也就是向谁调查和由谁来提供资料。

（3）调查内容。调查内容是收集资料的依据，是为实现调查目的服务的，可根据市场调查的目的确定具体的调查内容。

（4）调查方式。调查方式是指市场调查的组织形式，通常有全面调查、重点调查、典型调查和抽样调查等。

1）全面调查。全面调查是指对调查对象总体中的每一个体逐一进行调查，其特点是获取的资料全面准确，但工作量较大，代价高。

2）重点调查。重点调查是指从调查对象总体中选取少数重点单位进行调查，并用重点单位的调查结果来反映市场的基本情况，这里的重点单位是指在所研究的内容方面数量比较大，占有较大比重的个体。重点调查主要适用于那些反映主要情况或基本趋势的调查。

3）典型调查。典型调查是根据调查目的和要求，在对调查对象进行初步分析的基础上，有意识地选取少数具有代表性的典型单位进行深入细致的调查研究，借以认识同类事物的本质及其规律性。典型调查目的是认识事物的本质和规律。

4）抽样调查。抽样调查是指从调查对象总体中抽取一部分对象作为样本进行观察，根据对样本的调查结果来推断总体情况的方法。在市场调查的实践中，抽样调查是主要形式，主要包括随机抽样和非随机抽样两大类。

随机抽样也称概率抽样，是指在调查对象总体中用随机抽取个体的方式获取样本，主要包括简单随机抽样、分层随机抽样和分群随机抽样三种方式。

小知识

简单随机抽样是指调查对象总体中每个个体都有被抽中的机会；分层随机抽样即对总体按照某种特征（如年龄、性别、职业等）分成几个相互排斥又可以穷尽的子体或层，然后从各层中随机抽取一定数量的个体作为样本；分群随机抽样是先将总体划分成若干个相互排斥的子体或群，然后以简单随机抽样方法选定若干群体作为调查样本，对群体内各子体进行全面调查。

非随机抽样是指市场调查人员主观设定某个标准来选取样本，主要包括任意抽样、判断抽样和配额抽样。

小知识

任意抽样是指调查人员根据其工作便利而随意选取样本；判断抽样是指调查人员根据自己的主观判断来选择调查样本；配额抽样指调查人员将调查总体样本按一定标志分类或分层，确定各类（层）单位的样本数额，在配额内任意抽选样本的抽样方式。

（5）调查方法。调查方法指的是获取资料的方法。在市场调查中，常用的方法有实地调查法和文案调查法。实地调查法主要包括访问法、观察法和实验法。这些方法会在后面的内容中逐一介绍。

（6）资料的整理分析。明确收集的信息资料是如何进行整理和分析的。

（7）人员组织。确定调查人员的人数和条件，组织并培训调查人员，使其对本次调查的目的、方案、方式方法及调查技巧等方面有明确的了解和掌握。

（8）调查时间地点。明确调查在什么时间进行，需要多少时间完成，调查地点在何处。

（9）费用预算。企业应核定市场调查过程中将发生的各项费用支出，合理确定市场调查总的费用预算，并严格按照预算开展调查活动。

3. 收集信息资料

调查人员收集的信息资料分为两类，即第一手资料和第二手资料。第一手资料也称原始资料，指的是从对调查对象进行实地调查直接得到的各种数据、图文、音像等资料；第二手资料也称现成资料，是从实地调查以外获取的各种数据、图文、音像等资料。我们经常把收集第一手资料并利用第一手资料开展调查的方法称为实地调查法，把利用第二手资料来进行市场调查的方法称为文案调查法。

小知识

原始资料的来源有消费者、代理商、批发商、零售商、供应商及一切与企业有业务及非业务往来的部门单位等；现成资料的来源有企业内部的统计、营销、财务、档案等部门或者企业外部的行业协会、社会团体、报刊资料等。

4. 整理分析资料

通过市场调查搜集到的资料往往是凌乱的、分散的，甚至带有片面性或虚假性，这就需要对这些资料进行去粗取精、去伪存真、由表及里、由此及彼的加工整理和分析，来揭示调查对象的总体特征及变化发展过程等。具体步骤如下：

（1）审核。审核就是对收集的资料进行检验和检查，验证各种资料是否真实可靠，检查资料和数据的完整性和可比性。

（2）分类。分类是指根据调查目的，将经过审核的资料按照不同的性质和特点进行分类，把性质相同的资料整理在一起归类并编号。这样有利于提高市场调查的效率，保证资料分析的质量。

（3）列表分析。将已经分类的资料有系统地制成各种统计图表，既节约时间和篇幅，又集中问题，反映相互关系，一目了然，更有效地对资料进行研究和分析。

5. 撰写调查报告

物流市场调查报告是市场调查人员以书面形式，反映市场调查内容及工作过程，并提供调查结论和建议的报告。它是物流市场调查过程中最重要的部分，也是市场调查的终点。物流市场调查报告的一般结构如下：

（1）前文，包括标题页和目录。

1）标题页。标题页包括报告的题目、调查对象、撰写者和提供的日期。报告的题目即标题必须准确揭示调查报告的主题思想。标题要求简单明了、高度概括、题文相符，如“××市物流市场调查报告”、“我国第三方物流调查报告”等。

2）目录。如果调查报告的内容和页数较多，调研报告应编写目录，以便读者阅读特定内容，目录包含报告所有的章节和相应的起始页码。

（2）正文，包括引言、调查方式方法、结果、结论与建议。

1）引言。简要介绍调查目的、调查对象和调查内容，也就是解释开展调查的原因和说明调查的时间、地点、对象、范围、调查要点及所要解答的问题。

2）调查方式方法。简要介绍收集信息资料的方法，如采集的是原始资料还是现成资料，结果的取得是通过文案调查还是实地调查；样本如何抽取；使用了哪些分析资料的方法等。

3）结果。这是正文中的主要部分，也是表现调查报告主题的重要部分。结果的写作直接决定调查报告的质量高低和作用大小。这一部分要求要客观、全面阐述市场调查所获得的材料、数据，用它们来说明有关问题，得出有关结论；对有些问题、现象要做深入分析、评论等。

4）结论与建议。这部分是对正文主要内容的总结，并提出如何利用已经证明的有效措施解决某一具体问题可供选择的方案和建议。

（3）附录。附录的内容一般是有关调查的统计图表、有关材料出处、参考文献等。

小知识

物流市场调查报告的主要内容：①说明调查目的及所要解决的问题。②介绍市场背景资料。③分析的方法，如样本的抽取，资料的收集、整理和分析技术等。④调查数据及其分析。⑤提出自己的观点、看法和结论。⑥论证所提观点的基本理由。⑦提出解决问题可供选择的建议、方案和步骤。⑧预测可能遇到的风险和解决的对策。

三、物流市场调查方法

物流市场调查方法的选择直接影响调查结果的质量，因此合理选用调查方法至关重要。按照收集信息资料的来源划分，物流市场调查方法分为实地调查法和文案调查法两大类。

1. 实地调查法

实地调查法是指收集第一手资料并利用第一手资料开展调查的方法，主要包括访问法、观察法和实验法。

（1）访问法。访问法是通过向受访者询问他们的业务知识、态度、物流偏好和购买行为来收集第一手资料的基础方法，经常用于了解受访者的基本情况、态度和观点。根据调查人员与被调查人员的接触方式不同，分为小组座谈法、深层访谈法、投影技法、面访调查法、电话调查法、邮寄调查法和网上调查法等。

1）小组座谈法。小组座谈法也称焦点访谈法，就是采用小型座谈会的形式，挑选一组（8～12人）具有代表性的消费者或者客户，在一个装有录音录像等设备的房间内，在主持人的组织下对某个专题进行讨论，从而获得对有关问题深入的了解。优点是结构灵活；调查与讨论相结合；资料收集快，效率高。缺点是对主持人的要求较高；容易出现判断错误、回答散乱、整理资料困难等问题。

2）深层访谈法。深层访谈法又叫深度访谈法，是一种无结构的、直接的、一对一的访问，在访问过程中，一个掌握高级技巧的访问员深入地访谈一个被访问者，以揭示对某一问题的潜在动机、信念、态度和情感。一般来说要求访问员少说，让被访问者多说。优点是能够更深入地了解被访问者的内心想法和态度；能将被访者的反应与其自身相联系，便于评价所获资料的可信度。缺点是对访问员的访谈技巧要求较高；需要访谈的时间较长，费用高。

3）投影技法。投影技法是采用一种无结构的非直接的询问方式激励被访问者将他们所关心的话题的潜在动机、态度或情感反映出来的方法，具体有词语联想法、句子和故事完成法、漫画测试法、叙述故事法和第三人称法等。优点是有助于揭示被访者真实的意见和情感，对那些秘密的、敏感的问题了解得尤为有效。缺点是对访问员的访谈技巧要求较高；需要访谈的时间较长，费用高；调查结果分析困难。

4）面访调查法。面访调查是通过调查者与被访问者面对面的交谈来获取信息资料的一种方法。在面访过程中一般需要设计好周密的调查方案，访问的问题按设计好的调查问卷或提纲来进行，主要包括入户访问和拦截式访问两种方法。

①入户访问指访问员按照调查方案中的抽样方式到被调查者的家中或工作单位，找到符合条件的被访者，再依照调查问卷或提纲进行面对面的直接访问，这是目前国内最为普遍的一种调查方法。优点是访问在被访者熟悉的环境进行，问卷回答率高；访问的问卷可以相对较长；问卷质量易于控制；可以进行总量推算。缺点是调查成本较高；拒访率高。

②拦截式访问指在特定场所拦截访问对象，对符合条件者进行面对面的访问。优点是访问员对被调查者进行面对面的访问，效率高；问卷长度较短，费用低；问卷质量易于控制。缺点是事后回访较难实现；收集的资料不会对总体有很好的代表性。

5）电话调查法。电话调查是指通过电话向被调查者询问调查问卷上所列举的一系列问题，通过交谈来获取信息资料的调查方法。调查样本的抽取一般是以电话簿为基础，随机抽取几本电话号码簿，再从每本电话号码簿中随机抽取一组电话号码作为正式抽中的被调查者。优点是反馈速度快；调查范围广；费用较低。缺点是访问时间不宜过长；问题不应太复杂。

6）邮寄调查法。邮寄调查法是指将设计好的调查问卷邮寄给被调查者，请被调查者按规定的要求和时间填写并寄回问卷的一种调查方式。优点是费用较低；邮寄范围广；匿名性很好。缺点是回收率低；时效性较差。

7）网上调查法。网上调查法是一种随着网络发展而兴起的最新调查方式，网上调查法是指在互联网上针对特定问题进行简单调查设计、收集资料和初步分析的活动。

小知识

互联网作为一种信息沟通渠道，它的特点在于开放性、自由性、平等性、广泛性和直接性等。由于这些特点，使得网上调查方式具有传统调查所不可比拟的优势：及时性和共享性、便捷性和低费用、交互性和充分性、可靠性和客观性、无时空和地域限制、可检验性和可控性等。在物流市场的调查中，随着信息技术的广泛发展和应用，网上调查方法产生了深远的影响。

下面介绍两种常用的网上调查法。

①网上问卷调查法。网上问卷调查法是将问卷在网上发布，被调查的对象通过互联网来完成问卷调查。网上问卷调查一般有两种：一种是站点法，即将问卷放置在网站上，由访问者自愿填写，这种方法的优点是访问者可以自愿填写，缺点是无法核对问卷填写者的真实情况；另一种是通过E-mail将问卷发给被调查者，被调查者完成后将结果通过邮件形式

返回，其优点是可以有选择性地控制被调查者，缺点是容易引起被调查者的反感。

② 网上讨论法。问卷调查法虽然比较客观和直接，但是这种方法不能对某些问题进行深入调查和分析，所以许多企业设立了BBS或者参与某些专题的新闻组等交流平台供访问者进行讨论，以便获得更深入的资料和数据。这种方法的优点是获得的信息资料比较客观，缺点是信息不够规范，仍需专业人员进一步的整理和挖掘。

（2）观察法。观察法是调查人员通过直接观察或采用各种仪器间接观察被调查者的行为或现场事实来获取信息资料的一种调查方法。这种方法的特点是调查人员同被调查者并不发生直接接触，不介入调查过程，而是由调查人员凭借自己的眼睛或间接地借助摄像录音器材等仪器把被调查者的活动按实际情况记录下来。常用的观察法有：直接观察法、亲身经历观察法、行为记录法。优点是获得的资料准确性高、客观、真实。缺点是对被调查者的要求较高，成本高，获得的资料是表面性的。

（3）实验法。实验法是指从影响调查对象的若干因素中选出一两个关键的因素，在保证其他因素都不发生变化的条件下改变变量，观察被调查对象的行为和反应。例如，改变物流产品的价格，看被调查者是否增加或减少该产品的购买。实验法是研究因果关系的一种重要方法。优点是方法具有科学性，调查结论的精密度高。缺点是调查周期较长，费用支出相对较高。

2. 文案调查法

文案调查法是指通过收集各种物流二手资料，从中提取与物流企业营销活动相关的信息并对其进行统计分析的一种调查方法，又称为间接调查法、资料分析法、资料查阅寻找法等。文案调查法的信息来源主要有以下两个方面。

（1）企业内部。

1）企业在生产经营活动（如营销、生产、设计、技术、财务、设备、后勤、公共关系等）方面的资料。

2）企业关于物流市场营销环境（如客户、竞争、配送渠道、物流市场容量、宏观环境等）方面的资料。

（2）企业外部。

1）政府资料。

2）工商研究机构的信息。

3）物流行业内部信息，如行业文献、年度报告等。

4）国内外有关报纸杂志、电视等大众传媒媒介。

5）互联网与市场信息网络提供的信息。

文案调查法的优点在于花费时间少、费用不高，能为物流营销提供大量并且广泛的信息，但是由于信息量太大，需要对信息进行认真的甄别。

四、物流市场调查问卷的设计

物流市场调查的形式和方法有很多种，并且根据不同的市场环境和企业本身特点，在操作过程中往往会有所变化，但调查中大都会使用一个重要的工具—— 调查问卷。

调查问卷，也称调查表，是一种以书面形式了解被调查对象的反应和看法，并以此获得资料和信息的载体。采用问卷收集信息资料是国际上通行的调查方式，也是我国近几年来推行最快应用最广的调查方式。一份调查问卷的质量直接会影响到最终信息的获得。因此，调查问卷的设计至关重要，是决定市场调查成功与否的关键环节。

1. 物流市场调查问卷的基本结构

（1）开头，主要包括问卷标题、问卷说明、填写要求和问卷编号。

1）问卷标题。问卷标题是对本次调查主题的概括说明，使被调查者对所要回答什么方面的问题有一个大致的了解。标题要简明扼要，最好能够吸引被调查者的兴趣，如“××物流公司调查问卷”。

2）问卷说明。问卷说明旨在向被调查者简单解释本次调查活动的目的和意义，以引起被调查者的兴趣，获得他们的支持与合作，主要包括问候语、调查目的、调查者身份、保密原则以及奖励措施等来消除被调查者的疑虑，激发他们的参与意识。

小知识

撰写问卷说明时，一定要明确调查者的身份和调查目的，声明尊重被调查者的隐私和保持中立的态度，语言应该简洁朴实，语气严肃。例如：

尊敬的先生/女士：

您好！我是××物流公司的调查员。我公司正在进行一次关于客户对公司服务的满意度和忠诚度的市场调查，请您协助我们根据问卷要求回答一些有关物流服务的问题。我们的调查不会涉及您家庭的隐私，您提供的个人情况，我们只用于统计分析，不会提供给任何单位和个人。您的意见对我们万分重要，只需耽误您十分钟的时间。调查结束后，我将赠送给您一份小小的礼物，以示感谢。衷心地感谢您的协助！

3）填写要求。填写要求主要用于规范和帮助受访者对问卷的回答，可以集中放在问卷前面，也可以分散。

4）问卷编号。问卷编号通常由调查员编号。

（2）正文，一般包括资料搜集和被调查者的基本情况两部分。

1）搜集资料部分主要由调查所要了解的问题和备选答案所组成，是问卷的主体，也是使用问卷的目的所在。这部分内容是问卷设计的重点。

2）被调查者的基本情况，如个人的年龄、性别、文化程度、职业、职务、收入等，家庭的类型、人口数、经济情况等，单位的性质、规模、行业、所在地等，也是问卷正文的重要内容之一。被调查者往往对这部分问题比较敏感，但对这些问题的了解有利于对被调查者进行分类。且这些问题与研究目的密切相关，必不可少，具体选取哪些内容要依据调查者前期的分析设计而定。

（3）结尾。问卷的结尾可以用来简短地对被调查者的合作再次表示衷心的感谢，也可以设置开放问题，如征询被调查者对问卷设计和问卷调查本身有什么看法和感受以及其他补充说明。

2. 物流市场调查问卷设计原则

（1）目的性原则。根据调查主题，从实际出发拟题，问题目的明确，重点突出。

（2）可接受原则。问卷的设计要比较容易让被调查者接受，自愿并如实回答问题。

（3）顺序性原则。问卷设计要有条理，问题的排列应有一定的逻辑顺序，符合应答者的思维程序，一般是先易后难、先简后繁、先具体后抽象。

（4）简明性原则。调查内容要简明，通俗易懂，力求以最少的项目设计获取必要的、完整的信息资料。

（5）匹配性原则。匹配性原则是指要使被调查者的回答便于进行校验、整理和统计分析。

3. 物流市场调查问卷设计步骤

（1）明确需要的信息及其分析方法。

（2）选择恰当的资料收集方式。

（3）选择合适的问题类型。

（4）决定每个问题的词句。

（5）安排问题的先后顺序。

（6）问卷的版面布局。

（7）进行试调查并修改完善调查问卷。

（8）形成正式问卷。

小知识

问卷中问题的设置从形式上可以分为开放式问题和封闭式问题。开放式问题是指没有向被调查者提供备选答案的问题，这类问题使被调查者可以自由的不受限制的使用自己的语言或提供准确的数字来回答问题。封闭式问题是指调查者事先已经设计好了问题及问题的各种可能答案，被调查者只能从备选答案中选定一个或者几个现成答案的问题。

4. 物流市场调查问卷设计技巧

（1）问题设计技巧。

1）问题明确。问卷设计者在设计问题时，可以采用5W1H提问要点来准确定义问题。5W1H即Who（何人）、Where（何地）、When（何时）、What（做什么）、Why（为何做）、How（如何做）。例如，“贵公司是否打算今年将企业的所有物流业务都交给第三方物流来提高企业的经营效率？”要比“贵公司是否打算把业务交给第三方物流？”明确得多。当然，这并不是要求所有问题都必须具有这些提问要点，但保证问题的明确性这一重要原则一定要把握。

2）类型合适。开放式问题和封闭式问题有各自不同的提问方式。

开放式问题的提问方式主要包括：

①自由回答法。例如，请你说出什么样的物流企业是值得信赖的。

②填空法。例如，假如中外运欧洲航线降价，贵公司会______________。

③字词联想法。例如，请说出当你看到“蓝色”时，你会想到下列的什么？

A．物流企业　　B．海洋　　C．高空　　D．高科技

开放式问题得到的资料较多，但是不易于整理，主要用于深度访谈和直接访问，在问卷中不宜多用。

封闭式问题的提问方式主要包括：

①是否法。调查人员对一个问题提出两个答案，是或否。这种方法可以使被调查人员迅速作出判断，但是无法表达被调查者意见的程度差别。例如，贵公司是否想从物流公共信息平台上获取物流业务信息？

A．是　　B．否

②多项选择法。对于一个问题列举几个答案，让被调查者在限定的答案中选择。例如，贵公司使用过的物流企业是：

A．中远　　B．UPS　　C．宝供　　D．TNT　　E．其他

③顺位法。在提出问题时，让被调查者按要求依次回答。例如，贵公司在寻求仓储设施时，比较关注的两个因素是：

A．保管质量好　　B．价格低

C．服务态度好　　D．服务项目多

3）表达规范。问题的措辞与语言十分重要，要求规范、简洁、易懂和不会误解。应该避免使用过于模糊和笼统的词汇，必须具体化；避免使用过于专业化的词汇，应该通俗易懂；要防止诱导性、暗示性的问题，以免影响被调查者的思考；问及敏感性的问题时要讲究技巧。

4）顺序合理。安排问题顺序的总体原则包括：按照问题的难易程度，先易后难；先封闭式问题，后开放式问题；先总体性问题，后特定性问题。

（2）答案设计技巧。

1）答案要穷尽，即要将问题的所有答案尽可能列出，才能使每个被调查者都有答案可选，不至于因被调查者找不到合适的可选答案而放弃回答。

2）答案须互斥。从逻辑上讲，互斥是指两个概念之间不能出现交叉和包容的现象。在设计答案时，一项问题所列出的不同答案必须互不相容、互不重叠，否则被调查者可能会作出有重复内容的双重选择，对资料的整理分析不利，影响调查效果。

能力培养与训练

实训活动一：物流市场调查准备活动

【活动目的】

通过实训活动，使学生根据所学物流市场调查方案和市场调查问卷相关的理论知识，

完成调查方案的制订和调查问卷的设计，提升学生的分析能力、文案编写能力的同时，为实施市场调查作好准备。

【活动组织】

实训内容为：假设你是某企业（物流企业）集团市场调查部经理，为了更好地进行科学经营决策，需要了解市场情况、产品情况、消费者情况、竞争者情况、行业情况等。你想带领你的员工到市场上进行实地调查，现请你拟订一份详实的调查方案和一份切实可行的调查问卷。根据实训要求，首先将学生分成若干实训小组，每组4～6人为宜，每组选一名组长，负责小组的实训活动。具体分工情况参照表3-1来完成，要认真填写此表以备存档验收。

表3-1　实训小组成员及分工情况

公司名称:　　　　　　　　　　　　　　　　实训时间:

实训内容		
小组成员	分　工	工作内容

记录人:　　　　　　　　　　　　　　　　　检查人:

【活动步骤】

1. 各小组确定去企业开展调查活动的目的。
2. 根据调查目的，确定所需资料。
3. 确定调查的内容、时间、地点、对象、人数。
4. 决定收集资料的方法。
5. 设计调查问卷。
6. 预估调查费用。
7. 以小组为单位展示调查方案和调查问卷，并进行交流，教师点评。
8. 撰写活动报告，上交备案。

【注意事项】

1. 调查方案要做到：调查目标和内容明确；调查方法、方式选择得当；操作流程和时间安排可行。
2. 调查问卷要做到：主题明确；结构合理；通俗易懂；长度适宜；适于统计。
3. 在工作过程中不要受所搜集资料的限制，要拓宽思路、放眼全局。
4. 活动展示时，要突出重点，彰显特色。
5. 要深入掌握必备的理论知识。
6. 工作过程重于结果。

【考核要求】

实训活动的考核主要以小组为单位来进行，考核的主要内容有小组成员的参与协作情况、相关企业材料的查阅或调查情况、调查方案和调查问卷的组织制定情况、分析问题与理论知识的结合程度、任务完成情况、代表发言情况等。根据各小组的表现，评选出优秀小组。最后将实训活动的相关材料归档。

实训活动二：实施物流市场调查

【活动目的】

通过实训活动，使学生能够正确、灵活地运用物流市场调查的步骤和方法，锻炼学生的市场调查能力和市场分析能力，培养学生理论联系实际的能力和团队协作能力。

【活动组织】

教师带领学生进行实地调查，要求学生以实训小组为单位，完成调查任务，并撰写调查报告。小组的具体分工仍参照表3-1来完成，也可以在此基础上根据实训的内容做适当的完善，同样要求认真填写以备存档验收。

【活动步骤】

1. 教师指导学生撰写调查申请，与调查场所的负责人进行沟通调查事宜。
2. 学生在安全保证书上签字。
3. 教师带领学生进行市场调查，教师备好相机等设备。
4. 各组组长带领组员完成调查问卷。
5. 小组根据数据分工协作完成汇总统计，要求运用数据分析法。
6. 根据讨论结果列出调查报告提纲。
7. 组长组织本组成员依据提纲撰写调查报告。
8. 以小组为单位进行展示、交流，教师点评。
9. 教师对此次调查活动的完成情况进行总评。

【活动要求】

1. 调查报告要求：字数2 000字左右，调查目的明确，主题鲜明，格式正确，语言表达简洁、易懂、逻辑性强，调查资料丰富有效，有一定的可行性。
2. 活动展示时，要突出重点，彰显特色。
3. 要深入掌握必备的理论知识。
4. 工作过程重于结果。

【考核要求】

实训活动的考核主要以小组为单位来进行，考核的主要内容有小组成员的参与协作情况、实地调查情况、调查数据资料分析情况、调查报告书写情况、任务完成情况、代表发言情况等。根据各小组的表现，评选出优秀小组。最后将实训活动的相关材料归档。

实训评价

被考评人		考评时间		考评地点			
考评内容							
考评指标		考评标准	分值/分	组内评价/分	组间评议/分	实际得分/分	
专业知识技能掌握	物流市场调查方法	掌握	15				
	物流市场调查步骤	理解	10				
	物流市场调查报告	掌握	15				
	理论知识的运用程度	实训活动完成情况	20				
通用能力培养	出勤情况	按时到岗，学习准备就绪	10				
	道德自律	遵守纪律，有责任心	10				
	学习态度	积极主动，勇于探索	10				
	团队精神	融入团队，分工合作	10				
合　计			100				

注：1. 被考评人是实训活动的发言人。
2. 考评内容是实训活动的项目。
3. 实际得分=组内评价×40%+组间评议×60%。
4. 考评满分为100分，59分及以下为不及格；60～74分为及格；75～84分为良好；85分及以上为优秀。
5. 考核材料存档。

模块二　尝试物流市场预测

模块描述

物流市场需求变幻莫测，这就要求物流企业不仅着眼于现在，更要关注未来，而预测正是联系今日与将来的桥梁。物流市场预测的主要目的就是要了解对未来的经营活动有重要影响的各种不确定因素，从而为企业决策提供可靠的依据。因此，物流市场预测不仅是市场调查的继续和发展，更是市场营销决策的基础与前提，是计划和决策的重要组成部分。

本模块要求学生对物流市场预测体系及其过程有一个整体的认知，掌握市场预测的基本步骤和方法，并能运用所学知识进行科学合理的市场预测分析评价，增强学生对市场的分析和判断的能力。

模块目标

技能学习目标

1. 能够通过多种方式收集物流市场预测的相关资料，提升自主学习的能力。
2. 在相关材料的学习和讨论过程中，培养学生把握市场预测体系及相关概念的能力。

3. 通过实训活动使学生学会选择恰当的预测方法。

素质提升目标

1. 培养学生的自主学习意识和团队合作能力。
2. 锻炼学生的逻辑思维能力、分析能力和文案撰写能力。

情景导入

“绿色奥运”是2008年北京奥运会的主题之一，这就要求北京奥运物流实现“绿色物流、科技物流、人文物流”。在奥运前夕，业内专家就运用了科学方法对北京奥运会的需求总量进行了预测：与奥运会相关的物流需求总量大约为432.91亿元，其中与奥运直接相关的物流需求量为417.2亿元，直接相关的商品物流需求量为4.91亿元，直接相关的废弃物物流需求量10.8亿元。这些预测为奥运会物流与快递服务赞助商—— UPS（美国联合包裹服务公司）指明了服务方向。

北京奥运会期间，UPS公司负责指定场馆、奥林匹克公园、运动员村和媒体村的快递和物流服务。该公司采取多种措施，为盛会的顺利进行提供每周7天、每天24小时不间断的物流与快递服务，奥运期间递送货物总量达到1 900万余件，特别是出色完成了竞赛器材的运送以及高时效要求的影像胶片和感光材料的递送任务。UPS公司负责运营北京奥运会物流的“中央枢纽”—— 奥运物流中心（OLC），对所有竞赛场馆、非竞赛场馆及训练场馆物资入库和出库进行仓储、库存管理和递送服务。此外，UPS公司还通过分布在欧洲的4个枢纽点，共为61个国家的奥组委递送了254艘皮划艇和赛艇。

正是由于科学完善的市场调查与预测，UPS公司才得以兑现承诺，成功完成奥运使命，既为企业赢得了合理的利润，又树立了鲜明的品牌形象。

思考：

1．为什么要对北京奥运的物流需求进行预测?
2．市场预测的内容和作用有哪些?
3．市场预测的基本步骤是什么，方法有哪些?

知识储备

随着我国物流市场的不断发展和完善，市场竞争异常激烈。“商情在手，人无我有”，正确的战略决策是企业生存和发展的基础，而市场预测更是企业科学决策的重要依据，所以许多物流企业都把市场预测看做其营销活动成功与否的关键。

一、物流市场预测概述

1．物流市场预测的定义

物流市场预测是指物流企业根据历史统计资料和市场调查获得的市场信息，运用科学的方法和手段，对物流市场的未来因素、条件和发展趋势进行估计和判断，为企业决策和制订计划提供依据。

2. 物流市场预测的内容

（1）物流市场需求预测。物流市场需求预测是指对某类物流服务或全部物流服务的需求规模、需求结构、需求走向、需求潜力、需求变动影响因素等进行预测。因为市场需求的大小直接影响着物流企业的投资决策、资源配置和战略开发，所以，市场需求预测是物流市场预测的重点。

（2）物流市场供给预测。物流市场供给预测是指对某类物流服务或全部物流服务的供给规模、供给结构、供给走向、供给潜力、供给变动影响因素等进行预测。因为物流市场的供给状况直接决定着物流市场未来的供求结构，因此，市场供给预测也是物流市场预测的重点。

（3）物流市场环境预测。物流市场环境预测是指对物流企业宏观环境、微观环境的变化趋势，以及这种变化将会对物流企业的营销活动带来怎样的影响进行预测。

（4）物流市场竞争状况预测。物流市场竞争状况预测是指对提供同类物流服务的物流企业的竞争状况进行预测分析，包括对市场占有率、物流服务的质量、成本、价格、品牌知名度和满意度、新服务的开发、市场开拓等要素构成的竞争格局及其变化趋势进行分析、评估和预测。

3. 物流市场预测的作用

（1）市场预测是企业制订营销计划的前提与依据。

（2）市场预测是企业经营决策的基础。

（3）市场预测有利于企业掌握市场发展变化规律，把握未来发展趋势，提高竞争力，增加经济效益。

（4）市场预测有利于提高企业的经营管理水平。

二、物流市场预测的步骤

物流市场预测的步骤如图3-2所示。

确定预测目标 → 收集分析资料 → 选择预测方法 → 作出预测分析 → 评价预测效果 → 撰写预测报告

图3-2 物流市场预测的步骤

1. 确定预测目标

确定预测目标是进行物流市场预测首先要解决的问题，因为预测目的不同，预测的内容、所需的资料和预测的方法都会有所不同。只有目标明确，才能使预测工作有的放矢，有计划、有节奏地进行。

2．收集分析资料

收集和分析预测有关资料是进行市场预测的重要环节，也是预测的基础性工作。搜集什么样的资料，是由预测目标决定的。首先要对收集的资料进行审核和整理，来保证资料的准确性、系统性、完整性和可比性，然后对其进行初步分析，观察资料的结构和性质，作为选择适当预测方法的依据。

3．选择预测方法

对收集的资料进行整理分析后，就需要综合考虑预测的目标、物流企业的财力等，选择合适的预测方法，有时可以运用多种预测方法来预测同一目标。预测方法的选用是否恰当，直接影响到预测的精确性和可靠性。

4．作出预测分析

选择好适当的预测方法，就可以对预测对象进行预测。首先将收集和分析的资料采用一定的方法加以处理，尽量使它们能够反映出预测对象未来发展的规律性，然后利用选定的预测技术确定或建立预测模型。如果是定量预测，就要选择合适的数学模型进行运算并求得结果；如果是定性预测，就要建立逻辑推理模型。

5．评价预测效果

通过模型得到的预测值通常同未来的实际值是有差距的，需要进一步对调查搜集的资料进行综合分析，并通过判断、推理，使感性认识上升为理性认识，从事物的现象深入到事物的本质，从而预计市场未来的发展变化趋势。在分析评判的基础上，通常还要根据最新信息对原预测结果进行评估和修正。

6．撰写预测报告

经过预测之后，要及时撰写预测报告。预测报告应该概括预测研究的主要活动过程，包括预测目标、预测对象及有关因素的分析结论、主要资料和数据，预测方法的选择和模型的建立，以及对预测结论的评估、分析与修正等。

三、物流市场预测的方法

物流市场预测的方法可以分为定性预测法和定量预测法。

1．定性预测法

定性预测法是指依靠预测人员所掌握的信息、经验和综合判断能力，对市场未来的状况和发展趋势进行预测。它的优点是方法灵活方便、耗时短、时效性较强，特别适用于缺少历史资料的市场现象的预测，如对投放市场的新产品的未来需求量进行预测。因此，定性预测方法在市场预测中得到广泛的应用。定性预测主要有以下具体方法。

（1）意见集合法。意见集合法是指企业内部经营管理人员、业务人员根据自己对客观情况的分析和个人经验，对市场未来情况提出各自的预测意见，然后再集合每个人的预测值得出预测结果。优点是简单易行，可靠实用，注重发挥集体智慧，预测结果比较全面。缺点是可能受到预测者了解情况的限制。

（2）专家会议法。专家会议法是指根据市场预测的目的和要求，企业邀请相关专家并提供一定的背景资料，以会议的形式对预测对象及其前景进行评价，并在专家分析判断的基础上综合专家们的意见进行市场预测的方法。优点是能够集思广益，迅速、及时、经济，应用灵活方便。缺点是预测结果容易受权威人士主观因素的影响。

（3）德尔菲法。德尔菲法，也称专家小组法，是指采用背对背的函询方式将所预测的问题征询专家小组成员的意见，经过多次信息交换，使专家小组意见趋于集中，最后确定市场预测值的方法。德尔菲法的优点是参加预测的专家能够独立思考，充分表达个人的预测，同时也可以参考别的专家的看法，避免主观片面性，所以提高了预测质量其缺点是轮番函询花费时间较长，预测主要依据专家主观判断，缺乏一定的客观标准。

小知识

德尔菲是古希腊神话中的神谕之地，城中有一座神殿，据说能够预卜未来。1946年，美国兰德公司首创和使用了一种新的专家预测方法，称为德尔菲法。它有效克服了专家会议法的缺点，并因具有匿名性、反馈性和统计性等特点而在市场预测中得到广泛应用。

德尔菲法的一般步骤如图3-3所示。

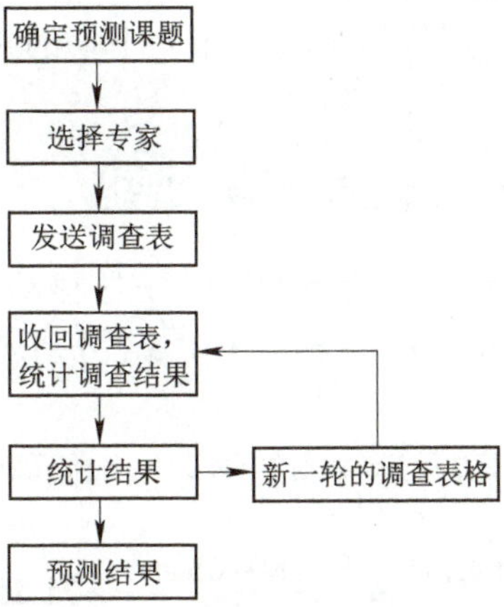

图3-3　德尔菲法的一般步骤

2. 定量预测法

定量预测法是指利用比较完备的历史资料，运用一定的数学模型，通过计算与分析来预测物流市场未来的状况和发展趋势的方法。定量预测法的特点是重视预测对象的变化程度，能作出变化程度在数量上的准确描述，受主观因素的影响较少，但是方法不够灵活，要求有比较完备的历史数据资料。下面介绍几种常见的定量预测方法。

（1）简单平均法。简单平均法就是将预测期以前的几个时期的实际观察数据相加而求其平均值，以此作为预测值。这种预测方法简单，当预测对象变化较小且无明显趋势时，可采用此方法进行短期预测。

例如，某物流公司2012年1～6月的实际运输额分别为75万元、60万元、50万元、65万元、80万元和90万元，则7月的预测运输额为

$$\bar{x}=\frac{75+60+50+65+80+90}{6}=70\text{（万元）}$$

（2）加权平均法。加权平均法就是将预测期以前的若干期实际观察数据，由远至近逐期扩大权数，求出加权平均值作为预测值。这种方法加大了近期数据对预测值的影响程度，对近期数据给予较大的权数，对远期数据给予较小的权数，弥补了简单平均法的不足。加权平均法的计算公式如下：

$$\bar{x}=\frac{\sum x_i w_i}{\sum w_i}$$

式中，$\sum x_i$是各期的观察数据，w_i是各期观察数据对应的权数，$\sum w_i$是加权平均数（即预测值）。

仍以上题为例，1月运输额权数为1，以后各期的权数为2、3、4、5、6，则按照加权平均法求得7月份的运输额的预测值为

$$\bar{x}=\frac{70\times1+60\times2+50\times3+65\times4+80\times5+90\times6}{1+2+3+4+5+6}\approx73.3\text{（万元）}$$

（3）移动平均法。当未来状况与较近时期的状况有关，而与较远时期的状况关系不大时就可以用靠近预测期的各期实际值的平均值作为下期的预测值，这种方法称为移动平均法。计算公式如下：

$$x_t=\frac{x_{t-1}+x_{t-2}+\cdots+x_{t-n}}{n}$$

式中，x_t是第t期的移动平均值，即预测值；n是移动平均的时期个数，一般取值为3～5；x_{t-1}是前1期的实际观察数据，x_{t-2}，x_{t-3}，…，x_{t-n}分别表示前2期、前3期直到前n期的实际观察数据。

仍以上题为例，当n=4时，第7月运输额的移动平均值即预测值为

$$x_7=\frac{x_6+x_5+x_4+x_3}{n}=\frac{90+80+65+50}{4}=71.25\text{（万元）}$$

能力培养与训练

实训活动一：物流市场预测资料的查找与交流

【活动目的】

通过查找物流企业市场预测的案例资料，深化学生对市场预测相关概念的把握，增强学生的实践体验，培养学习兴趣，激发学习热情。

【活动组织】

根据班级人数首先将学生分成若干实训小组，每组选一名组长，负责小组的实训活

动，具体分工参照表3-1来完成，也可以在此基础上根据实训的内容做适当的完善，要求认真填写以备存档验收。

【活动步骤】

1. 要求每名同学在一周时间内通过网络、报纸、期刊等媒体，搜寻物流企业市场预测的案例资料，并利用所掌握的理论知识分析材料里涉及的具体内容，然后在小组内进行讨论。最后确定最佳材料，选定一名代表发言。

2. 由每组选定的代表现场发言，并相互交流。

3. 教师给出实训活动的评价。

【注意事项】

为了更好地完成实训任务，教师在现场交流前最好给予细心指导。鼓励学生用电子邮件与教师进行沟通，现场交流时可以制作演示文稿。

【考核要求】

任课教师根据学生查找材料的来源、选择材料的质量、分析材料的情况等综合评价实训的整体效果，就存在的问题与不足给出解决的措施。最后将实训活动的相关材料归档。

实训活动二：尝试物流市场预测

【活动目的】

通过实训活动，使学生能够正确、灵活地运用物流市场预测的步骤和方法，锻炼学生的市场分析和预测能力，培养学生理论联系实际的能力和团队协作意识。

【活动组织】

要求学生以实训小组为单位，结合市场调查实训活动获取的相关资料，模拟背景企业进行市场预测的过程，并撰写预测报告。小组的具体分工仍参照表3-1来完成，也可以在此基础上根据实训的内容做适当的完善，要求认真填写以备存档验收。

【活动步骤】

1. 各小组确定去企业开展市场预测活动的目的。
2. 根据预测目的，收集分析资料。
3. 选择恰当有效的预测方法。
4. 建立预测模型，作出预测分析。
5. 分析评价预测结果。
6. 组长组织本组成员编写预测报告。
7. 以小组为单位进行展示、交流，并由教师点评。
8. 教师对此次实训活动的完成情况进行总评。

【活动要求】

1. 预测报告要求：字数1 500字左右，预测目的明确，主题鲜明，格式正确，语言表达简洁、易懂、逻辑性强，资料丰富有效，有一定的可行性。

2. 活动展示时，要突出重点，彰显特色。

3. 要深入掌握必备的理论知识。

4. 工作过程重于结果。

【考核要求】

实训活动的考核主要以小组为单位进行，考核的主要内容有小组成员的参与协作情况、资料的收集分析情况、预测方法的选取情况、模型建立情况、预测分析情况、预测报告书书写情况、任务完成情况、代表发言情况等。根据各小组的表现，评选出优秀小组。最后将实训活动的相关材料归档。

实训评价

被考评人		考评时间		考评地点		
考评内容						
考评指标		考评标准	分值/分	组内评价/分	组间评议/分	实际得分/分
专业知识技能掌握	物流市场预测方法	掌握	15			
	物流市场预测步骤	理解	10			
	物流市场预测报告	掌握	15			
	理论知识的运用程度	实训活动完成情况	20			
通用能力培养	出勤情况	按时到岗，学习准备就绪	10			
	道德自律	遵守纪律，有责任心	10			
	学习态度	积极主动，勇于探索	10			
	团队精神	融入团队，分工合作	10			
合计			100			

注：1. 被考评人是实训活动的发言人。

2. 考评内容是实训活动的项目。

3. 实际得分=组内评价×40%+组间评议×60%。

4. 考评满分为100分，59分及以下为不及格；60～74分为及格；75～84分为良好；85分及以上为优秀。

5. 考核材料存档。

单元内容

第四单元 锁定物流目标市场

模块一 把握物流目标市场细分

模块二 选择物流目标市场

模块三 准确定位物流市场

第四单元 锁定物流目标市场

物流企业竞争的核心是整合有效资源，降低物流成本，为客户提供高质量的服务。这就要求物流企业在综观物流营销环境和洞察物流市场的基础上，对市场进行细分，选择目标市场并确定市场定位。这是物流企业了解市场行情、分析竞争结构并成功进入市场的关键。本单元将紧紧围绕这三个问题展开。

模块一 把握物流目标市场细分

模块描述

物流市场是一个高度科技化、信息化及差别化的复杂系统，如何合理利用有限的资源，去适应市场需求的多样化，满足客户需求的差别化，是物流企业运营成败的关键。物流市场细分是锁定物流目标市场的基本方法，在物流服务营销中占有极其重要的地位。它有利于物流企业发现市场机会，掌握物流细分市场特点，增强自身竞争力。那么什么是物流市场细分？物流市场细分的标准和方法有哪些？如何进行物流市场细分？带着这些问题，让我们一起来学习物流目标市场细分的相关知识。

模块目标

技能学习目标

1. 通过案例分析与相关材料学习，培养把握物流市场细分及其标准、方法的能力。
2. 通过实训活动，让学生学会选择市场细分标准，按照市场细分程序对物流市场进行细分，为锁定目标市场奠定基础。

素质提升目标

1. 发挥学生在学习过程中的主体作用，主动参与活动，提高自信心，学会与他人交流合作。
2. 培养学生从不同的角度客观地去思考问题、分析问题，养成勤思、善问、果敢、负责的品性。

情景导入

富日物流公司（以下简称为富日公司）是杭州的一家物流公司，虽然成立没有几年，但客户已经从最初的几家发展到了现在的150多家。富日公司成立之初，相关人员曾对杭州的物流市场做过一个调查，包括杭州的地理位置、基础建设、市场区域等。调研显示：地处流通经济异常活跃的长江三角洲，杭州这几年零售业超市大型化和连锁店经营发展迅猛，仅市区就有1 600家门店。而这些连锁店所面临的共同问题，就是店内自行配送投资太大且管理困难，急需一个独立的平台来提供物流配送服务。

富日公司在杭州东部下沙路建了一个20万平方米的配送中心，可以同时储存食品、电器、化妆品、药品、生活用品等8 000多个品项，这很好地解决了当地商业流通行业因为商品多样化带来的仓储难题。零售行业单件商品配送较多，为了提高车辆的满载率，富日公司通过信息化系统的准确调度，将不同客户送往同一区域、同一线路的货品合理配车作业，大大降低了送货成本。

退货和换货作业是物流企业对客户的后续服务，富日公司所服务的客户类型使它比别的物流公司更多地面对这个难题。富日公司借鉴了国外的一些先进经验，专门设立退换货管理区域，将不同的客户、不同的货品退货分别集中起来，组织人员进行管理、分类，把能够继续使用、无质量问题的重新打包成箱，无法继续使用的则挑拣出来，进行回收处理。

“货品质押”是富日公司又一特色服务。富日公司与中国银行、招商银行等几家银行签约，供应商可将存放于富日公司配送中心的货品作为抵押获得银行贷款。同时，富日公司为银行免费保管这些被抵押的货品。通过这种运营模式，供应商的资产得到了盘活，库存占压的成本降低很多。这也使得作为第三方物流商的富日公司获得了更多的客户资源。

下一步富日公司将全面提升物流资讯系统及网络传输能力，真正做到与货主联网、信息共享，实现物流系统网上操作及互联网在线查询。

思考：

1．通过物流市场细分，富日物流公司有了怎样的发展？这说明了什么？

2．结合案例，谈谈你对物流市场细分的理解。

知识储备

物流企业在进行营销活动时，必须考虑这样一个问题：物流产品或服务应该卖给谁？或者说物流企业产品或服务的目标顾客是谁？谁会来购买？物流企业要搞清楚这个问题，就必须要对物流市场进行认真的分析，把消费者按照一定的标准进行分类，从而选择适合自己产品的那部分消费者作为目标消费者，并根据他们的需要进行针对性的营销活动。因此，这个过程的本质就是寻找目标顾客。

一、物流市场细分的含义标准和方法

1．物流市场细分的含义

所谓物流市场细分，就是从物流市场上各类需求的差异性出发，用一定的标准划分出不同的消费者群，并依此把一个整体物流市场分割为若干个子物流市场的过程。比如，依据功能的不同将物流市场分为仓储、配送、运输、流通加工等子市场。

物流市场细分的客观基础和依据是消费需求的差异性，其实质就是将异质市场分成若干同质市场的过程。作为市场细分成果的细分市场，在其内部消费者的需要和欲望、购买行为和购买习惯等方面具有同一性，而不同细分市场之间的消费者在上述方面则具有明显的差异性。

物流市场细分是物流企业成功运营的前提，在营销战略中起着关键的作用。任何一个物流企业，不可能满足所有市场的所有需求。通过物流市场细分可以为物流企业提供有效信息，寻找物流客户，并分析其特征和购买行为，准确地把握物流客户的服务需求，科学地制定营销目标，更好地分配物流资源。物流企业按照一定的分类标准将整个物流服务市场划分成若干个细分市场以后，再根据自身的条件与外部环境、细分市场的规模和竞争情况以及细分市场客户的服务需求、偏好与特点等各种要素确定出企业进入的细分市场。

小知识

市场细分的概念是美国市场学家温德尔·史密斯（Wendell R.Smith）于1956年提出来的。他认为“细分是基于需求一方的发展，并且代表着对产品和为满足消费者的需求而做的营销努力的一个合理并且更为精准的调整。”它是第二次世界大战结束后，美国众多产品市场由卖方市场转化为买方市场这一新的市场形式下企业营销思想和营销战略的新发展，更是企业贯彻以消费者为中心的现代市场营销观念的必然产物。

2. 物流市场细分的标准

根据物流市场的特点，物流企业可按照消费者需求的差异性、最终用户标准、客户行业性质、地理区域、物品属性、客户规模、关联程度、时间长短、服务方式和利润回报等对物流市场进行细分。

（1）消费者物流市场细分标准。物流市场细分的依据是物流客户的不同需求，所有导致客户需求差异性的因素都可以作为市场细分的标准。消费者物流市场细分标准，实际上是导致消费者需求出现异质性、多样化的因素。概括起来主要有以下几个方面：

1）地理环境因素，即按照消费者所处的地理位置、自然环境来细分物流市场。具体变量包括：国家、地区、城市规模、不同地区的气候及人口密度等。处于不同地理位置的消费者，对同一类产品往往呈现出差别较大的需求特征，对企业营销组合的反应也存在较大的差别。例如，居住在高寒地带的人们对棉衣棉裤有强烈需求，而居住在炎热地带的人们对此毫无需求。

2）人口因素，即按照人口的有关变量来细分物流市场。具体包括：年龄、婚姻、职业、性别、收入、受教育程度、家庭生命周期、国籍、民族、宗教、社会阶层等。

3）心理因素，即按照客户的心理特征细分物流市场。主要包括：个性、购买动机、价值观念、生活格调、追求的利益等变量。

4）行为因素，即按照客户的购买行为细分物流市场。主要有客户购买物流服务的程度、使用频率、偏好程度等变量。如按照进入物流市场的程度，通常可将客户划分为常规消费者、初次消费者和潜在消费者；按照使用频率，可将客户划分为大量用户和少量用户；按照偏好程度，可将客户划分为绝对品牌忠诚者、多品牌忠诚者、变换型品牌忠诚者和非品牌忠诚者。

（2）最终用户标准，即根据最终对产品的使用去向细分物流市场。例如，轮胎厂将整体物流市场划分为飞机用轮胎、汽车用轮胎和自行车用轮胎。

（3）客户所属的行业性质。同一行业的客户，一般来说其产品构成的差异不会太大，对物流的需求有一定的相似性。而不同行业的客户，产品构成差异往往较大，对物流的需求自然差别也很大。例如，对于物流配送服务来说，零售业普遍具有多品种、小批量的特点，而汽车制造业一般是少品种、大批量配送。按行业对象不同，物流市场可分为汽车物流、家电物流、医药物流、IT物流、零售物流、电力物流、石化物流等；如果按行业大类划分，也可将物流市场分为农业、制造业、商贸业等。

（4）地理区域。客户所处的地理区域各不相同，而不同地理区域的经济规模、自然环境、需求情况以及整体发展环境差异很大，这就会导致开展物流活动的成本、技术、管理、信息等产生很大的差异性，为了更好地实现对目标市场的占领，物流企业就必须根据不同区域的物流需求制订不同的营销方案。按照地理区域的不同，可将物流市场分为区域物流市场、跨区域物流市场和国际物流市场。

小知识

区域物流市场是指在一定的时空内，具有某种相似需求的一定区域，通常指省内物流市场。区域市场实际上是现代营销学细分市场的一个概念，或者说是一种细分顾客群理论。首先，区域市场是一个地理概念。因为各地区之间地理、文化、政治、语言、风俗、宗教的不同，消费者群也表现出很大的差异性。为此，企业必须正视各地区的差异性，实事求是，因地制宜，有针对性地制订出符合区域化特点的经营战略和营销推广策略。其次，区域市场具有相对性和可变性。相对于全球而言，亚洲就是区域市场；相对于中国而言，河南是区域市场。

（5）物品属性。由于不同的商品和物资具有不同的物理和化学属性，而这些属性对物流成本、物流技术和物流管理会产生不同影响，对物流服务也会提出不同要求。因此，物流企业在进行经营活动时，可以据此对物流市场进行细分，并根据企业自身情况选择合适的目标市场。例如，有些物流企业专门从事危险品物流业务，有些物流企业专门从事生鲜品物流业务，有的则专门从事水产品物流业务。

（6）客户规模。不同的客户因其业务规模不同，对物流服务的质量、频率、价格等要求也不相同。根据客户规模，可将物流市场划分为大客户、中等客户和小客户。一般对大客户，都由专门的客户经理负责业务联系，而对中小客户其业务联系，则由外勤推销人员负责。

小知识

大客户是指物流业务较多的客户，他们是物流企业的主要服务对象。在充分竞争的情况下，大客户往往是物流企业争相合作的对象，但服务大客户的管理和运作难度大，对资金的需求大，风险也很高。物流业务量一般的中等客户是物流企业的次要服务对象，对于这些客户一般操作起来比较容易，而且服务的利润空间比较高，有发展成为大客户的潜力。小客户是指物流业务量较小的客户。随着我国国内大客户市场瓜分殆尽，四大快递公司（FedEX、DHL、TNT、UPS）正拉开架势争夺小客户。

（7）时间长短。根据对物流客户服务时间长短的不同，可将客户细分为长期客户、中期客户和短期客户。一般而言，物流企业都倾向于和客户建立长期稳定的合作关系，但也会有部分短期或阶段性、一次性合作的客户。

（8）服务方式。根据服务方式不同，可将物流市场分为单一型物流服务方式和综合型物流服务方式。例如，一些小型的物流公司仅为客户提供运输服务或仓储服务，而那些大型的物流公司往往能够实现为客户同时提供仓储、配送、运输、流通加工等综合性服务。

（9）利润回报。可将物流市场细分为高利润产品（服务）市场和低利润产品（服务）市场。对利润回报的考量，在很大程度上与物流企业自身的发展战略、规模、实力和发展阶段等有关。例如，小型物流企业对单笔业务的利润率一般要考虑多一些，而大型物流企业的取向更多地侧重于规模效益。

（10）其他标准，如技术要求标准、客户特征（外资、合资、国有）、产品服务标准、物流对象的体积和质量标准（大件市场、小件市场）、客户对时间的要求（特快件、快件、一般快件、加急快件）等。需要指出，由于物流市场需求的复杂性和多变性，决定了无论是消费者物流市场细分还是产业物流市场细分，仅凭某个单一标准就能达到目的的情形是很少见的，往往需要将几个标准同时考虑才能成功。

物流市场细分的标准不是固定不变的，随着信息科技的高速发展和市场的变化，对物流企业的综合需求也必然发生相应的改变。物流企业应根据自身特点，审时度势、与时俱进地选择细分标准，据以调整自身的发展战略、营销方向，这样才能发现新的市场机会，从而为客户提供更全面的物流服务，确立和巩固竞争优势。

3．物流市场细分的方法

（1）单一变量因素法。它是指根据市场主体的某一因素进行细分，而不去过多地考虑其他方面，如按物流产品的危险程度来细分市场，可以分为危险品物流和非危险品物流。按照客户对送达时间的不同要求，可将包裹邮递市场细分为四个子市场：24小时内送达、3天内送达、7天内送达、15天内送达。

（2）主导因素排列法。它是指一个细分市场的选择存在众多因素时，可以从消费者的特征中寻找和确定主导因素，然后与其他因素有机结合，确定细分的目标市场。如生鲜产品，需要考虑的因素包括时间、安全、成本等，而时间因素（即效率）显然是主导性的因素。

（3）综合因素法。它是指根据影响消费者需求的两种或两种以上的因素综合进行细分。综合因素法的核心是对多种因素进行并列分析，所涉及的各项因素都无先后顺序和重要与否的区别，而是可以统筹考虑的。例如，按照地理区域和客户规模对物流市场进行细分。

（4）系列因素法。这种方法也是运用两个或两个以上的因素，但它是依据一定的顺序逐次细分市场。细分的过程是一个比较、选择子市场的过程。下一阶段的细分是在上一阶段选定的子市场中继续进行细分的。

二、物流市场细分的步骤

（1）确定物流产品市场范围。根据市场调查的情况，物流企业先确定该区域的所有客户需要的物流产品和服务，需求规模的大小，服务对象是谁，企业自身的资源和能力满足客户需求的程度。

（2）列出潜在顾客的基本需求。例如，所有客户的基本需求有哪些，哪些是相同的，哪些是不同的。

（3）区别不同客户的不同需求。不同客户需求的侧重点是不一样的，通过差异比较，就可以初步细分出需求差异的客户群。

（4）选择细分标准。移去潜在客户的共同需求，以特殊需求作为细分标准。

（5）命名。给细分后的每一个子市场命名，该名称应该能反映这一消费群的特质。

（6）测量子市场。对每一个子市场进行预测，估计其顾客数量、购买频率、购买行为、服务要求，估计客户需求规模、市场规模，并对产品市场竞争状况和发展趋势作出分析。通过分析以便决定是否再次细分市场或合并这些子市场。

（7）选择目标市场。决定细分市场的大小及发展潜力，从中选择适合企业的目标市场。

能力培养与训练

实训活动一：选择物流市场细分标准

【活动目的】

通过实训活动，让学生根据所学物流市场细分的理论知识，结合背景物流企业资料或实地调研资料，能够甄选物流市场细分的标准，从而提升学生分析问题的能力，增强学生表述观点的能力。

【活动组织】

根据班级人数首先将学生分成若干实训小组，每组4～6人为宜，设组长一名，成立物流公司。表4-1是实训小组成员及分工情况，要认真填写此表以备存档验收。

表4-1　实训小组成员及分工情况

实训组别：　　　　　　　　　　　　　　　　　　　　实训时间：

实训内容		
成员	分工	工作任务

记录人：　　　　　　　　　　　　　　　　　　　　检查人：

【活动步骤】

1. 根据查阅或实地调研的资料，分析背景企业或实地调研企业的情况。
2. 以客户需求为中心，划定公司产品的市场范围。
3. 分析估计物流市场需求的规模及服务对象。
4. 分析潜在顾客的不同需求并进行调查，了解顾客的共同需求。
5. 确定客户的特殊需求，选择市场细分的标准。
6. 以小组为单位进行展示、交流，教师点评。
7. 撰写活动报告，上交备案。

【活动要求】

1. 搜集资料应力求做到全面、真实。

2. 对背景企业及其竞争对手的分析要力求客观准确。
3. 在工作过程中不要受所搜集资料的限制，要拓宽思路、放眼全局。
4. 活动展示时，要突出重点，彰显特色。
5. 要深入掌握必备的理论知识。
6. 工作过程重于结果。

【考核要求】

实训活动的考核主要以小组为单位来进行，考核的主要内容有小组成员的参与协作情况、相关企业材料的查阅或调研情况、物流公司成立的情况、分析问题与理论知识的结合程度、任务完成情况、代表发言情况等。根据各小组的表现，评选出优秀小组。最后将实训活动的相关材料归档。

实训活动二：进行物流市场细分

【活动目的】

通过实训活动，让学生能够正确运用物流市场细分的方法，按照细分程序对物流市场进行细分，为锁定目标市场奠定基础，进一步锻炼学生理论和实践相结合的能力、团队协作的能力。

【活动组织】

根据班级人数首先将学生分成若干实训小组，每组选一名组长，负责小组的实训活动，具体分工参照表4-1来完成，也可以在此基础上根据实训的内容做适当的完善，同样要求认真填写以备存档验收。

【活动步骤】

1. 教师简要说明分析材料所需要的理论知识。
2. 分组阅读案例材料，并在组内讨论。
3. 以小组为单位进行交流，教师点评。
4. 撰写活动报告，上交备案。

【活动资料】

请阅读下面的材料，并分析思考问题。

目前，国内航空公司普遍存在服务差异化较小、缺乏核心竞争力等问题，国内航空公司在行业内外竞争优势不足，不得不采取价格战等低层次竞争手段，造成航空公司经营状况恶化，盈利能力下降。AC航空公司作为我国三大航空公司之一，具有机队规模较大、航线网络完善、安全可靠、技术领先等竞争优势，但同时也存在组织结构不合理、缺乏市场意识、营销手段落后、管理不善等诸多问题。因此，如何在新的竞争环境下，面对消费结构的变化，确认主流客户群，把握机遇，明确目标市场，制定切合实际、行之有效的客运服务营销战略与策略组合，全面提升核心竞争能力，已经成为AC航空公司所面临的重要课题。通过调查研究，得到以下参考因素。

一是人口因素。从旅客年龄构成来看：26～44岁年龄段占AC航空公司全部旅客运输中的六成以上，为61.8%，他们是AC航空公司旅客的主体。22～25岁和45～54岁年龄段的分别占9.3%和17.8%，他们是旅客的重要组成部分。而65岁以上与16～21岁的旅客只分别占1.6%和2.72%。

二是地理因素。根据数据显示，AC航空公司国际旅客占20%、国内旅客占74%、港澳台旅客占6%。

三是心理因素。根据调查，国内旅客选择客运服务产品最重要的几点因素依次是：航班时刻（34%）、航空公司（26%）、机票价格（4%）、常旅客计划（7%）、服务（15%）、机型（14%）。

四是行为因素。根据消费频率可将航空旅客分为常旅客、普通旅客和特殊旅客。其中10%的常旅客为AC航空公司提供了40%的收入。按照旅客出行目的可将航空旅客分为公务和休闲旅客两大类，然后再对两类旅客进行细分，前者包括一般公务旅客和紧急公务旅客，后者包括旅游旅客和探亲旅客。AC航空公司公务旅客占全部旅客的71%，高于民航平均水平，而旅游旅客比例呈逐年上升趋势。

问题：如果你是该公司的物流营销人员，应如何为该公司进行物流市场细分？

【考核要求】

实训活动的考核主要以小组为单位来进行，考核的主要内容有小组成员的参与协作情况、市场细分情况、子市场需求特征总结情况、分析问题与理论知识的结合程度、任务完成情况、代表发言情况等。根据各小组的表现，评选出优秀小组。最后将实训活动的相关材料归档。

实训评价

被考评人		考评时间		考评地点			
考评内容							
考评指标		考评标准	分值/分	组内评价/分	组间评议/分	实际得分/分	
专业知识技能掌握	物流市场细分方法	掌握	10				
	物流市场细分步骤	理解	20				
	物流市场细分知识	掌握	10				
	理论知识的运用程度	实训活动完成情况	20				
通用能力培养	出勤情况	按时到岗，学习准备就绪	10				
	道德自律	遵守纪律，有责任心	10				
	学习态度	积极主动，勇于探索	10				
	团队精神	融入团队，分工合作	10				
合　计			100				

注：1. 被考评人是实训活动的发言人。
2. 考评内容是实训活动的项目。
3. 实际得分=组内评价×40%+组间评议×60%。
4. 考评满分为100分，59分及以下为不及格；60～74分为及格；75～84分为良好；85分及以上为优秀。
5. 考核材料存档。

模块二　选择物流目标市场

模块描述

任何一家企业的资源都是有限的，而物流市场的需求却是无限的，因此物流企业只能满足一部分客户的物流需要，企业必须把这部分客户找出来，确定为自己的目标市场，并对目标市场采取相应的策略。那么，在物流市场细分的基础上，企业该如何选择物流目标市场并进行评价呢？如何确定物流目标市场策略呢？本模块将以选择物流目标市场和确定物流目标市场策略为中心，来展开相关内容的学习。

模块目标

技能学习目标

1. 要求学生能够结合背景企业的资料，运用物流目标市场的方法客观地对各个细分市场进行评估，并从中选择目标市场。
2. 让学生能够针对物流目标市场进行营销策略选择，提高判别能力。

素质提升目标

1. 激发学生在学习过程中的积极性、主动性，引导学生去发现问题、解决问题。
2. 锻炼学生的创新能力、表现力以及合作能力。

情景导入

中国远洋物流有限公司（以下简称“中远物流”）在成立之初，为寻求准确的市场定位，曾聘请专业的物流咨询公司进行为期半年的市场调查，通过“行业发展趋势、物流需求水平、物流外包程度和市场竞争程度”四个细分标准，最终选择出最适合开发的目标市场。中远物流的目标市场侧重点是依托中远跨国公司的优势，为我国的进出口客户提供整套的物流服务。最初选定了四个目标市场即家电物流、汽车物流、会展物流、大型项目物流。

根据中远物流最新提供的资料，目前公司明确的六大战略细分市场是家电、电子、化工、航空、电力、会展和供应链。中远物流已经是电力工程和家电市场最大的物流服务商，并且是中国唯一的航空物流服务商。

中远物流能提出“最具盈利能力”的目标也跟它们选择了利润率高的客户有很大关系。中远集团副总经理叶伟龙给媒体详细讲解了六大目标市场是怎么选择出来的，这种目标市场选择还处在不断变化之中，也就是“有所为有所不为”。中远物流与泸州老窖集团建立了战略合作关系。公司还和淘宝网签署协议，负责其淘宝商城家电产品的物流服务。中远物流的目标客户定位于高端领域的国内大型企业、大客户和跨国公司，所以公司也放弃了很多领域，如快递行业。中远集团正在谋求“从全球航运承运人向全球物流经营人”

的角色转变，作为这一战略的重要组成部分，中远物流将是现代物流领域的战略平台。

思考：

1．查阅中远物流的资料，谈谈中远物流是如何成功选择物流目标市场的。

2．如何理解“物流目标市场是不断变化的”？

知识储备

选择物流目标市场是目标市场营销的第二步。市场细分的目的就是为了选择目标市场，物流企业所制定的营销策略、开展的营销活动都是围绕目标市场进行的，只有这样，物流企业才能做到“有的放矢”。

一、物流目标市场评价

1．物流目标市场的含义

物流目标市场是指物流企业在市场细分的基础上，经过评价和筛选后所确定的作为企业经营目标的某一个或几个细分物流市场，即物流企业通过提供产品或服务来满足细分市场消费者群的需求，从而实现物流企业营销目标。

小知识

著名的市场营销学者麦卡锡认为应当把消费者看做一个特定的群体，称为目标市场。通过市场细分，有利于明确目标市场；通过市场营销策略的应用，有利于满足目标市场的需要。即：目标市场就是通过市场细分后，企业准备以相应的产品和服务满足其需要的一个或几个子市场。

2．目标市场应具备的条件

任何一个企业，无论其大小，资源和能力都是有限的，而各个细分物流市场之间也存在着差异性，这使得物流企业很难满足所有细分市场的需求。所以，物流企业必须从所有细分市场中选出适合自己进入的目标市场。在选择的过程中，主要考虑以下几个方面内容。

（1）要符合物流企业的目标和实力。理想的目标市场必须与企业自身的目标和实力相一致。有些市场虽然规模适合，也具有一定的吸引力，如果不符合企业的发展目标，就只能考虑放弃；如果符合企业的发展目标，但是企业在人力、物力、财力等条件上不具备相当的实力，无法在市场上夺得应有的市场份额，则也不应该确定为最终的目标市场。

（2）细分市场要有一定的规模和发展前景。细分市场的规模是指细分市场中客户购买和消费数量的多少，这是非常重要的条件。只有具备一定规模的细分市场，才能保证企业进入后获得预期利润。规模是一个相对的概念，对于大企业而言，只有销售量足够大的细分市场才行。反之，对于小企业而言，只要细分市场能够使企业的既有资源充分发挥效用即可。在市场营销学中，市场=人口数量+购买能力+购买欲望。所以，考核细分市场的规模是否与企业的能力相匹配，可以从人口数量、购买能力与购买欲望三个方面进行。

细分市场的发展前景通常是企业的一种期望特征，是保证企业进入后可以获得持续盈利的基础。这也就意味着，企业不仅要考核细分市场的现有规模，还要对细分市场的未来规模进行预测。

（3）细分市场要有足够的吸引力。一个市场可能具有适当的规模和增长潜力，但是从获利的角度看不一定具有足够的吸引力。决定物流市场是否具有长期吸引力的因素主要有：竞争者的数量和质量；物流需求欲望的强弱和专业能力；各类辅助手段的完善程度和质量等。物流企业必须充分估计这些因素对长期获利所造成的机会和威胁，以便作出明智的抉择。

二、物流目标市场选择模式

物流企业在对不同细分市场进行评估后，要决定进入哪个或者哪些物流细分市场，即开始选择目标市场。一般有五种目标市场选择模式可供企业参考。

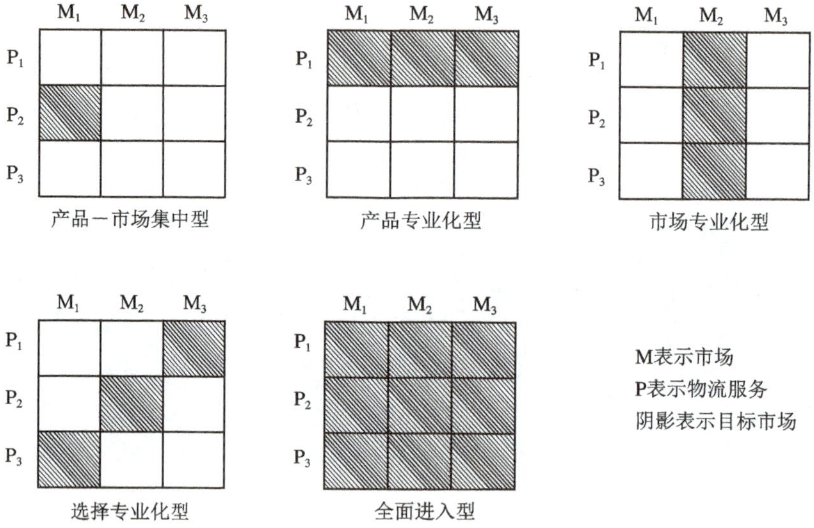

图4-1　选择目标市场的五种模式

1．产品—市场集中化型

这是一种最简单的物流目标市场模式，即物流企业只选取一个物流细分市场，只生产一类物流产品或提供一种物流服务，供应某单一的顾客群，进行集中营销。这种模式一般适用于小型物流企业或初次进入市场的物流企业。

物流企业通过此种模式，可以更好地了解物流目标市场客户群的需求，树立良好的企业形象，巩固在该目标市场的领导地位。此外，物流企业通过仓储、配送、运输、流通加工等专业化分工，也获得了较高的经济效益。但是，这种模式存在一定的风险，由于企业的投资过于集中，一旦细分市场出现不景气的情况，或其他竞争者决定进入同一个细分市场，这都会使物流企业陷入危险境地，所以，许多企业不愿把鸡蛋放在一个篮子里，宁愿在若干个细分市场分散营销。

2．产品专业化型

产品专业化型是指物流企业集中提供一种物流产品或服务，并向各类顾客群销售这种产品或服务。如有的物流企业只提供仓储服务，同时向家电企业、服装企业、食品企业等各类用户提供仓储服务；有的物流企业只提供配送服务，同时向超市、酒店、食品加工企业等提供配送服务。此种模式的优点是企业专注于某一种产品或服务，有利于形成技术上的优势，在该领域树立较好的形象和声誉。其局限性是当该领域被一种全新的技术产品与服务所代替时，物流企业就会存在经营风险。

3. 市场专业化型

物流市场专业化型是指物流企业专门为满足某一顾客群体提供各种物流服务。比如某物流企业向海尔提供仓储、配送、流通加工、运输等各种物流服务。采用此种模式，能有效地分散经营风险，和客户建立良好关系。但由于集中于某一类客户，当这类客户的需求下降时，物流企业也会遇到收益下降的风险。

4. 选择专业化型

选择专业化型是指物流企业选取若干个具有良好的盈利潜力和结构吸引力，且符合企业的目标和资源的细分市场作为目标市场，即向不同的客户群提供不同的物流服务，其中每个物流细分市场与其他物流细分市场之间较少联系。这是一种多元化经营模式，可以有效地分散经营风险，即使某个物流细分市场盈利情况不佳，仍可在其他物流细分市场取得盈利。但是，采用此种模式应十分慎重，必须以几个细分市场均有相当的吸引力为前提。

5. 全面进入型

全面进入型是指物流企业提供各种物流服务去满足各种顾客群体的需要。一般来说，只有实力雄厚的大型物流企业选用这种模式，才能收到良好效果。例如，丰田汽车公司在全球汽车物流市场就是选取市场全面化的战略。

物流企业在运用上述五种策略时，一般总是首先进入最具有吸引力的细分市场；在条件和时机成熟时，才会考虑逐步扩大目标市场范围，进入其他细分市场。

小知识

不同类型的企业可以选择不同的物流目标市场模式。大型的资产型物流企业拥有较多的资源优势及物流运作的经验，可选择全面进入型市场策略，在立足于原先自身优势的基础上为各类企业提供综合的第三方物流服务，包括各种常规和增值服务，如中远、中外运、中储等。资产型的功能性物流企业宜采取选择性或市场专业化市场策略，集中资源于若干目标市场，增强基本的服务功能，并开拓对目标客户的专业化、个性化服务。对于大量希望取得竞争优势的非资产型的第三方物流企业，由于资金实力较弱，应加强对社会物流资源的利用能力，将有限的资源集中于某项或几项整合的增值物流服务上。

三、物流目标市场选择策略

1. 物流目标市场营销策略

在目标市场选择好之后，物流企业面对不同客户群体，必须决定如何为目标市场设计适当的营销组合，即采取怎样的策略，使自己的营销力量到达并影响目标市场。常用的策略有无差异性营销策略、差异性营销策略和集中性营销策略。

（1）无差异性营销策略。实行无差异性营销策略的物流企业把整体物流市场看做一个大的物流目标市场不进行细分，用一种物流服务、统一的物流市场营销组合对待整体物流市场。例如，UPS在20世纪60年代以前采取的就是这种策略，以单一的服务、统一的价格、同一的广告面向所有的客户。无差异性营销策略如图4-2所示。

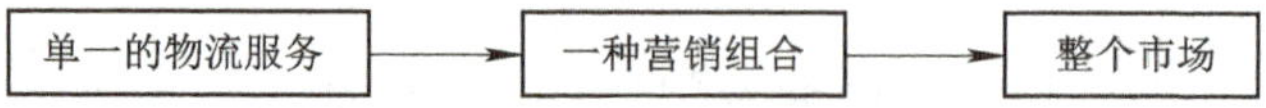

图4-2　无差异性营销策略

这种策略的基本特点是：物流企业把整个市场视做一个大的、同质的物流目标市场，营销活动只注意市场需求共性，而忽略其差异性。最大的优点是成本的经济性。单一的物流服务可以减少服务转换成本；无差异的广告宣传可以减少促销费用；不进行物流市场细分，也相应减少了物流市场调研以及制定多种物流市场营销策略、战术方案等带来的成本开支。但是，由于物流需求的种类繁多、差异大且不断变化，在其他物流企业可以提供特色服务时，实行此种策略的物流企业容易受到竞争企业的威胁，且竞争力较弱。

（2）差异性营销策略。差异性营销策略就是把整个物流市场划分成若干个细分市场，结合实际情况选择两个或两个以上的细分市场作为目标市场，并分别设计不同的物流服务产品形式的营销方案。该策略是建立在客户需求具有异质性的基础上，物流企业针对不同的细分市场设计不同的物流产品，设计不同的营销组合，面向不同的目标市场。例如，联邦快递公司、中国远洋运输集团公司、宝供物流企业集团、中国外运股份有限公司、香港东方海外公司等国内外著名物流企业都是采用的这种策略。差异性营销策略如图4-3所示。

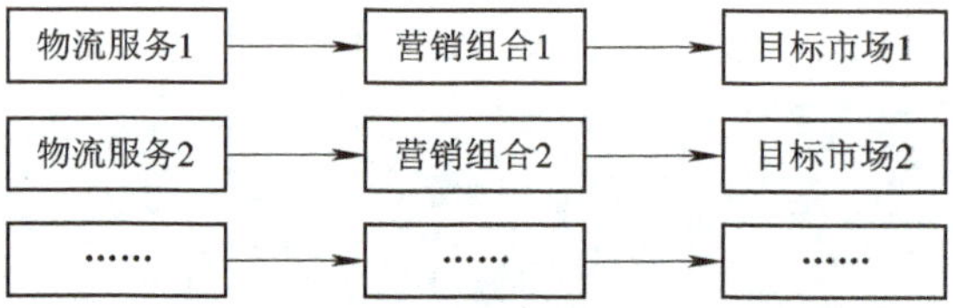

图4-3　差异性营销策略

采用差异性营销策略的物流企业一般是财力雄厚的大企业。先进的科技力量和素质较高的管理人员是实行差异市场营销策略的必要条件。由于采用差异性营销策略必然受到企业资源和条件的限制，小企业往往无力采用。此种策略能满足各类物流需求者的不同需求，对物流企业而言，有助于发挥潜力、扩大销路、增加盈利，有助于提高物流企业的竞争力和应变能力。但是，由于物流服务种类增多、销售渠道、广告宣传的扩大化与多样化，物流市场营销费用也会大幅度增加。

（3）集中性营销策略。集中性营销策略是在将整体物流市场分割为若干细分市场后，选择一个或少数的几个细分市场作为目标物流市场，集中力量，实行专业化服务和经营的目标市场策略。它所追求的不是在较大的市场上占有较小的市场份额，而是力争在较小的市场上占有较大的市场份额。一般地讲，资源有限、规模较小的物流企业常采用这种策略。集中性营销策略如图4-4所示。

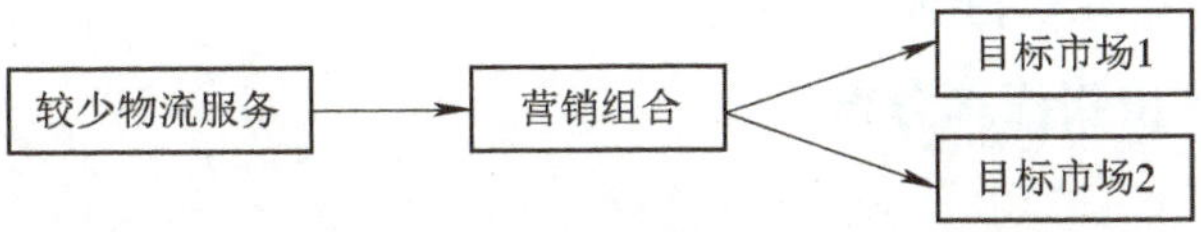

图4-4　集中性营销策略

这种策略也称为“弥隙”策略，即弥补物流市场空隙的意思，如果小企业能避开大物流企业竞争激烈的物流市场部分，选择一个能够发挥自己技术、资源优势的小型物流市场，往往容易成功。由于目标集中，可以较好地了解目标市场需求，大大节省营销费用和增加盈利；又由于服务、销售渠道和促销的专业化，也能够更好地满足这部分特定消费者的需求，企业易于取得优越的物流市场地位，提高企业知名度，树立良好的企业形象。这一策略的不足是经营者承担经营风险较大，如果目标市场的需求情况突然发生变化，或是物流市场上出现了更强有力的竞争对手，企业就可能陷入困境。采用集中性营销策略的企业要随时密切关注市场动向，充分考虑企业出现意外情况时的各种对策和应急措施。

2. 影响目标市场策略选择的因素

究竟选择哪种策略比较有利，物流企业必须要根据具体的情况进行通盘考虑。一般地讲，必须综合考虑以下几个方面的因素：企业资源、市场同质性、物流服务产品的同质性、物流产品生命周期和竞争者状况。

（1）企业资源。这是选择物流目标市场策略时应考虑的首要因素。物流企业的资源主要包括运营规模、技术力量、财务能力和经营管理能力等。如果物流企业实力较强，可以考虑采用差异性或无差异市场营销策略；如果资源有限、实力不强，则采用集中性营销策略效果可能更好。

（2）市场同质性。市场同质性是指各细分市场顾客需求、购买行为等方面的相似程度。市场同质性高，意味着各细分市场相似程度高，不同顾客对同一营销方案的反应大致相同。此时，企业可考虑采取无差异营销策略。反之，如果顾客需求偏好、态度、购买行为等差异较大，则宜选择差异性或集中性营销策略。

（3）物流服务产品的同质性。这是指在物流服务需求者眼里，不同物流企业提供物流服务产品的相似程度。相似程度高，则同质性高；反之，同质性就低。同质性高，可以采用无差异性营销策略；同质性低，可以采用差异性营销策略或集中性营销策略。

（4）物流产品生命周期。物流产品处于投入期，同类竞争品不多，竞争不激烈，企业可采用无差异营销策略。当物流产品进入成长期或成熟期，同类产品增多，竞争日益激烈，为确立竞争优势，企业可考虑采用差异性营销策略。当物流产品步入衰退期，为保持市场地位，延长产品生命周期，全力对付竞争者，可考虑采用集中性营销策略。

（5）竞争者状况。企业选择目标市场策略时，还要充分考虑竞争者尤其是主要竞争对手的营销策略。如果竞争对手采用差异性营销策略，企业应采用差异性或集中性营销策略与之抗衡。若竞争者采用无差异策略，则物流企业可采用无差异或差异性策略与之对抗。

以上所述只是一般的原则，实际上并无固定模式，物流企业应在实践中根据具体情况灵活运用。

能力培养与训练

实训活动一：评价物流细分市场

【活动目的】

通过实训活动，要求学生能够结合背景企业资料客观地对物流细分市场的规模、成长潜力、盈利率、风险等进行评估，提高学生综合分析问题的能力和决策能力。

【活动组织】

根据班级人数首先将学生分成若干实训小组，每组选一名组长，负责小组的实训活动，具体分工参照表4-1来完成，也可以在此基础上根据实训的内容做适当的完善，要求认真填写以备存档验收。

【活动步骤】

1. 评估各物流细分市场的规模和购买力。
2. 评估各物流细分市场发展状况。
3. 评估各物流细分市场结构。
4. 评估本企业竞争优势。
5. 撰写物流细分市场评估报告。
6. 以小组为单位进行讨论、相互交流。
7. 教师点评。

【活动要求】

1. 搜集资料应力求做到全面、真实。
2. 对各物流细分市场的分析要力求客观准确。
3. 认真、详实撰写物流细分市场评估报告。
4. 活动展示时，要突出重点，彰显特色。
5. 要深入掌握必备的理论知识。
6. 工作过程重于结果。

【考核要求】

实训活动的考核主要以小组为单位来进行，考核的主要内容有小组成员的参与协作情况、各个细分市场特征的总结情况、物流目标市场方法的运用情况、物流目标市场标准的掌握情况、分析问题与理论知识的结合程度、任务完成情况、代表发言情况等。根据各小组的表现，评选出优秀小组。最后将实训活动的相关材料归档。

实训活动二：选择目标市场

【活动目的】

通过实训活动，学生能够根据所学理论知识，结合实际情况，从多个细分市场中选择符合本企业经营目标的物流目标市场。

【活动组织】

根据班级人数首先将学生分成若干实训小组，每组选一名组长，负责小组的实训活动，具体分工参照表4-1来完成，也可以在此基础上根据实训的内容做适当的完善，要求认真填写以备存档验收。

【活动步骤】

1. 确定选择物流目标市场的标准和方法。
2. 根据背景企业目标、资源、能力，选择物流目标市场。
3. 甄选物流目标市场模式。
4. 选择物流目标市场营销策略。
5. 以小组为单位撰写物流目标市场营销活动报告。
6. 以小组为单位进行展示、相互交流。
7. 教师点评。

【活动要求】

1. 熟练应用物流目标市场标准和方法。
2. 熟练掌握物流目标市场模式和策略。
3. 在选择目标市场时要力求客观、准确。
4. 活动展示时，要突出重点，彰显特色。
5. 工作过程重于结果。

【考核要求】

实训活动的考核主要以小组为单位来进行，考核的主要内容有小组成员的参与协作情况、物流目标市场模式掌握情况、物流目标市场策略掌握情况、分析问题与理论知识的结合程度、任务完成情况、代表发言情况等。根据各小组的表现，评选出优秀小组。最后将实训活动的相关材料归档。

实训评价

被考评人		考评时间		考评地点		
考评内容						
考评指标		考评标准	分值/分	组内评价/分	组间评议/分	实际得分/分
专业知识技能掌握	物流目标市场选择模式	掌握	10			
	物流目标市场营销策略	理解	20			
	物流目标市场知识	掌握	10			
	理论知识的运用程度	实训活动完成情况	20			
通用能力培养	出勤情况	按时到岗，学习准备就绪	10			
	道德自律	遵守纪律，有责任心	10			
	学习态度	积极主动，勇于探索	10			
	团队精神	融入团队，分工合作	10			
合　计			100			

注：1. 被考评人是实训活动的发言人。
2. 考评内容是实训活动的项目。
3. 实际得分=组内评价×40%+组间评议×60%。
4. 考评满分为100分，59分及以下为不及格；60～74分为及格；75～84分为良好；85分及以上为优秀。
5. 考核材料存档。

模块三　准确定位物流市场

模块描述

物流企业确定了目标市场后，就进入了物流目标市场营销的第三个步骤——市场定位。市场定位是物流目标市场营销战略重要的组成部分。它关系到物流企业及其产品在激烈的市场竞争中占领消费者心理，树立物流企业及产品形象，实现物流企业市场营销目标等一系列至关重要的问题。本模块主要学习物流市场定位的过程、方法和策略，为物流营销组合策略的制定明确了方向。

模块目标

技能学习目标

1. 要求学生能够分析几个主要目标市场的特征，确定产品定位策略。
2. 能够选择正确的市场定位方法，并按照市场定位的过程对目标市场进行定位。

素质提升目标

1. 培养学生自我学习的意识和市场嗅觉灵敏度。
2. 提升学生运用理论知识服务实践的能力。

情景导入

现代物流业已成为中国经济发展的动脉，逐渐涌现出一批现代物流的成功案例，“宅急送”、“宝供”就是中国现代物流发展中的两个杰出代表。“宅急送”于1994年在北京开办，目前在中国提供送货到家的国内速递业中位居前列，当前公司已进入了快速发展时期。“宝供”是1992年从广州的铁路货物中转站发展而来的，是全国首家提供“送货到门”的服务公司，摩根士坦利评价宝供是“中国最具价值的第三方物流企业”，目前宝供正专注于提供供应链一体化物流服务。

宅急送选择的市场定位是快速物流服务，即门到门快递服务。宅急送的定位是在公司成立之时确立的，当时中国的国内快递行业还是空白，中国邮政EMS业务只限于信函。宅急送的定位体现了市场差异化的战略，这种战略定位为客户提供了与众不同的物流服务。同时由于竞争者少、成熟度低，使得企业以较低的成本进入这一领域，并有可能成为行业规则的制定者。宅急送在发展过程中，对物流服务市场进行了更为精确的定位，一是将客户群由零散客户向大客户转变，这是为了适应中国市场环境和政策、法规的转变，二是放弃国际快递高利润的诱惑，专攻国内快递，使得宅急送在发展初期得以与国际快递大鳄和平共处，共同发展。

如果说宅急送的战略定位是“快”，那么宝供的战略定位就是“准”。宝供的准时物流服务定位的选择是在宝供向现代物流企业转型中逐步确定的。由于宝供服务的企业大多集中在企业的生产、流通环节，其定位于企业供应链物流服务也是顺理成章的事。宝供从给宝洁当学生，到建立信息系统，再到建立物流基地，逐步体会到更准确、更敏捷、更及时、更高效的准时物流服务的精髓。宝供战略定位的变化自始至终都围绕着一个“准”字，从储运—物流—供应链，从货运代理—物流资源整合—物流资源一体化，这种变化源于对“准”字的不断认识，不断理解和不断实践。这样一系列的准确，就使得宝供必须组织所有资源来满足这一要求。只有建立起基于信息系统的物流仓、储、运一系列的，集商流、物流、信息流、资金流于一体的现代化物流运作网络，才能在战略定位的差异化中取得竞争优势，从而连续保持中国第三方物流的领先地位。

思考：

1．认真阅读案例，分析宅急送、宝供物流的市场定位？

2．市场定位对企业来说有什么意义？

知识储备

物流企业一旦选择了目标市场，就要在目标市场上进行产品的市场定位。市场定位是企业全面战略计划中的一个重要组成部分。它关系到企业及其产品如何与众不同，与竞争者相比有什么特色。

一、物流市场定位的含义

物流市场定位是物流企业在充分考虑物流市场竞争状况和自身资源的条件下，建立和发展物流产品差异化优势，塑造出本企业物流产品与众不同的鲜明个性或形象并传递给目标顾客，使物流产品在物流市场上占有优势的地位。市场定位的本质是一个寻求差异化的过程，目的在于让顾客深刻了解本企业产品与竞争者的区别。

物流市场定位要体现“以客户为中心”的物流服务精神；以“降低客户的经营成本”为根本的物流服务目标；以“伙伴式、双赢策略”为标准的物流服务模式；以“服务社会、服务国家”为价值取向的物流服务宗旨。

小知识

定位是由美国两位广告经理艾尔•里斯和杰克•特劳特于1972年发表在《广告时代》的系列文章中提出的概念，受到企业界的重视并被广泛应用。“定位是要从一个产品开始，那产品可能是一种商品、一项服务、一个机构甚至一个人，也许就是你自己。但是定位不是你对产品要做的事，定位是你对预期客户要做的事。换句话说，你要在客户的头脑里给产品定位。”

二、物流市场定位的步骤

市场定位的关键是企业要设法在自己的产品上找出比竞争对手更具竞争优势的特性。

竞争优势一般有两个方面：一是价格竞争优势，就是同样条件下更低的价格，这就要求物流企业采取一切努力来降低单位成本；二是偏好优势，即以独有的特色来满足顾客的特色偏好，这就要求物流企业采取一切努力在产品特色上下工夫。因此，物流企业市场定位的全过程可以通过以下步骤来完成。

1. 识别潜在竞争优势

市场定位的目的是在目标客户心目中树立与竞争者的产品或服务等方面的不同，为此，物流企业一是要分析目标市场，详细了解目标客户对物流产品或服务的偏好、愿望和需求。二是要调查、分析竞争者，了解竞争者在目标市场的地位状况，向目标市场提供什么物流产品或服务，目标客户对竞争者的物流产品或服务是怎样评价的。总之，通过与竞争者在物流产品或服务、物流成本、广告、促销等方面的比较，做到“知己知彼”，物流企业就可以从中把握和确定自己的潜在竞争优势。

2. 企业核心竞争优势定位

物流企业核心竞争优势是与主要竞争对手各方面实力相比较的结果，这是物流企业在经营管理、技术开发、采购、生产、销售、财务、产品、服务质量、销售渠道、品牌知名度等方面所具有的可获取明显差别利益的优势。应把企业的全部营销活动加以分类，并将主要环节与竞争者相应环节进行比较分析，以识别核心竞争优势，初步确定本企业在目标市场上所处的位置。

3. 显示独特的竞争优势

物流企业在目标市场营销方面的核心能力与优势，不会自动地在物流市场上得到充分表现，要采取一定的措施才行。这一步骤的主要任务是物流企业要通过一系列的宣传促销活动，将其独特的竞争优势准确传播给潜在顾客，并在顾客心目中留下深刻印象。

首先，应使目标顾客了解、知道、熟悉、认同、喜欢和偏爱本物流企业的市场定位，在顾客心目中塑造与该定位相一致的形象。其次，物流企业应通过各种努力强化目标顾客对自身形象的认同，促进目标顾客对企业的了解，稳定目标顾客的态度和加深目标顾客的情感，巩固与市场相一致的形象。最后，物流企业应注意目标顾客对其市场定位理解出现的偏差，高度关注由于企业市场定位宣传上的失误而造成的目标顾客模糊、混乱和误会，及时纠正与市场定位不一致的形象。

4. 进行市场定位

最终的市场定位是在前述分析、比较以后进行的工作，要经过初步定位和正式定位两个过程。初步定位是经过详细论证后，由决策层确定而后进行实践的“实验性工作”。正式定位是经过调研、试销、校正偏差之后的最终工作。需要强调的是，随着目标市场供求状况的不断变化，企业在目标市场上的定位需要不断修正。

三、物流市场定位方法

物流企业的市场定位是为了将自己的物流服务有针对性地进行推广或销售的一种客

户定位，是企业将服务推向市场的最佳切入点。物流企业可以依照以下的方法进行市场定位。

1. 根据主导区域定位

主导区域定位是物流企业设定自己的核心业务覆盖范围，在主导区域内，企业自身的物流网络能够完成相关的物流服务。主导区域可以是一个地区、一个城市或是一个国家。确定主导区域要考虑的因素主要有自身的投入能力、管理水平、企业的运营成本和客户的需求状况。只有找准了自己的市场区域，才会使物流企业的营销计划获得成功。

2. 根据物流服务特色定位

物流服务特色定位是根据其本身特征，确定它在市场上的位置。这时广告宣传应侧重介绍物流服务的特色或优于其他产品的性能，使之与竞争产品区别开来。在具体定位时，可以把构成物流服务内在特色的许多因素作为定位的依据，如产品质量、档次、价格、特色等。例如，中海北方物流有限公司组建的同时拥有普货、冷藏货班列以及冠名为“中国海运一号”的五定班列，其服务产品的特色比较鲜明。

3. 根据竞争定位

这是指根据竞争者的特色与市场位置，结合物流企业自身发展需要，将本企业的产品或服务，或定位于与其相似的另一类竞争产品的档次；或定位于与竞争直接有关的不同属性或利益；或定位于与现有竞争者重合的物流市场位置，争夺同样的目标顾客；或定位于物流市场“空白点”上，开发并销售目前物流市场上还没有的某种特色物流产品或服务，开拓新的物流市场领域。具体有避强定位方式、迎头定位方式和重新定位方式。

4. 根据客户关系定位

这是按照物流企业与客户的关系进行定位，一般来说客户可分为一次性客户、潜在客户、一般客户、重要客户和VIP客户这五种。

小知识

美国营销学大师菲利普·科特勒将企业建立的客户关系概括为五种类型。基本型客户关系是指销售人员把产品销售出去后就不再与客户接触。被动型客户关系是指销售人员把产品销售出去，同意或鼓励客户在遇到问题或有意见时与企业联系。负责型客户关系是指产品销售完成后，企业及时联系客户，检查产品是否符合客户的要求，向客户询问有关产品的缺陷与不足以及产品改进的各种建议，以帮助企业不断改进产品，使之更加符合客户需求。能动型客户关系是指产品销售完成后，企业不断联系客户，提供有关改进产品的建议和新产品的信息。伙伴型客户关系是指企业不断地和客户共同努力，帮助客户解决问题，支持客户成功，最终实现共同发展。

5. 根据使用者的类型定位

这是指把产品指引给适当的潜在使用者，根据使用者的心理和行为特征及特定消费模式塑造出恰当的形象。例如，中海北方物流有限公司把物流同农业生产联系到一起，为物流产业获得了适宜的形象。该公司以先进的现代物流理念，率先在国内物流界推出了以“现代化物流产业服务于现代农业”的经营方针。在海南和大连采用“公司+农户”的方式建成并投产了数万亩现代化水果蔬菜种植基地，通过集团强大的海上实力开通了国内精品航线—— 海上绿色通道，反季节果蔬汇集到两地物流配送基地，精加工后配送给超市，使物流产业同大众贴进。

6. 根据提供的利益和解决问题的方法定位

产品本身的属性及由此衍生的利益、解决问题的方法以及重点需要的满足程度也能使顾客感受到它的定位。例如，物流行业中的人性化专业物流服务的定位，“满足客户需要、做到客户想要的、发现客户将要的”服务理念。

以上定位方法往往是相互关联的，物流企业在进行市场定位时可在综合考虑各方面因素的基础上，将各种方法结合起来使用。

四、物流市场定位策略

目标市场定位实质上是一种竞争策略，它显示了一种物流产品或一家企业同类似的物流产品或企业之间的竞争关系。定位方式不同，竞争态势也不同。下面主要分析四种主要定位策略。

1. 市场领先者定位策略

市场领先者定位策略是指物流企业选择的目标市场尚未被竞争者所发现，企业率先进入市场，抢先占领市场的策略。市场领先者在市场占有率、价格变动、新产品开发、营销渠道和促销能力等方面处于主导地位。市场领先者的地位是在竞争中自然形成的，随着其他竞争者的加入，其领导地位会随着市场营销环境的变化而变化。物流企业要想保持自己的领先地位，必须时刻关注市场的变化，了解目标客户需求变化，掌握竞争者的变化，以便调整本企业的营销战略。

物流企业采用这种定位策略，必须具备下列条件：该市场符合消费发展趋势，具有强大的潜力；本企业具备领先同行业的条件和能力；进入的市场必须有利于打造企业的营销特色，提高市场占有率，使本企业的销售额在未来市场的份额中占有40%左右。

小知识

中国远洋运输（集团）公司通过向目标市场提供“一站式”服务、“绿色服务”等一体化解决方案，向顾客提供全方位的、周到的物流服务，将自己定位为全球物流服务商。其他如UPS、FedEX等跨国物流公司，由于其综合服务广、物流实力强，具有为客户提供综合服务的能力，也都把自己定位为全球物流服务商。

2. 市场挑战者定位策略

市场挑战者定位策略是指在市场上处于次要位置的物流企业把在市场上处于领先地

位的物流企业作为挑战对象，即与最强的竞争对手“对着干”，并最终战胜对方，让本企业取而代之的市场定位策略。挑战市场上占支配地位的竞争者是高利润、高风险的方式，挑战者必须充分清晰自己的竞争实力、了解竞争对手、把握市场环境、估计风险、制定进攻策略。

物流企业采取这种定位策略，必须具备以下条件：要有足够的市场容量；有较强的实力可以与竞争对手抗衡；本企业能够向目标市场提供更好的物流产品或服务。

3．跟随竞争者市场定位策略

跟随竞争者市场定位策略是指企业发现目标市场竞争者充斥，已座无虚席，而该市场需求潜力又很大，企业跟随竞争者挤入市场，与竞争者处在一个位置上的策略。这里的“跟随”并不是被动、单纯的跟随，而是设法将独特的利益带给本企业，必须在保持低成本和高服务水平的同时，积极开辟新市场，企业必须找到一条不至于引起竞争性报复的发展道路。

物流企业采用这种策略，必须具备下列条件：目标市场还有很大的需求潜力；目标市场未被竞争者完全垄断；企业具备挤入市场的条件和与竞争对手“平分秋色”的营销能力。

4．市场补缺者定位策略

市场补缺者是指在同行业中处于弱小地位的小企业。这类企业由于规模小、实力弱，只经营一种物流产品或服务，可选择那些被大企业所忽视或大企业不值得占领的细分市场。这类企业的经营特点是小而专。企业的这种市场定位策略决定了它们的竞争战略主要是回避战略，即通过开发那些未被注意的市场求得生存。因此，企业的竞争方式战略就集中表现在体现自己的特色上，即在项目选择上要做到短、平、快，以尽量发挥企业优势。采用的基本方式是拾遗补缺，方便客户，独具特色。

物流企业采用这种策略，必须具备下列条件：本企业有能力提供目标客户需求的物流产品或服务；有足够的市场容量和购买力；对主要竞争者不具有吸引力；有盈利空间。

当然，企业的市场定位策略并不是永恒的，而是随着目标市场竞争者状况和企业内部条件的变化而变化的，是一个动态的过程。当目标市场发生下列情况时，就需要考虑重新调整定位的方向：竞争者的销售额不断上升，自身的市场占有率持续下降，企业出现困境；企业在新的市场上可以获得更大的市场占有率和较高的销售额；新的消费趋势出现和消费者群的形成，使本企业失去吸引力；本企业的经营战略和策略作出重大调整等。

小知识

物流企业要重视构造自身的核心能力。再有实力的企业也不可能面面俱到，与工业化社会相适应的第三方物流市场也是一个分工协作的体系，向市场提供专业化服务是物流企业生存发展的必然选择。第三方物流企业必须巩固基本的物流服务，必须拥有深度的专业化技能，突出某一项或某几项服务的能力，成为某一物流领域的专家，构造自己的竞争优势。很多国际著名的第三方物流企业都是从某一物流服务领域发展起来的，这些领域都仍是这些企业的核心能力。如Menlo Worldwide、Yellow和Roadway公司起源于较大的零担运输企业；Exel、Gatx和Usco是从仓储管理开始的；Ups和Fedex的技能在于小型包裹的限时速递；Ryder是货运物流专家；Fritz是货代专家；Con-way是专门为中小企业提供供应链服务的专家等。客户在选择物流服务供应商时，会考虑与自身个性化需求最接近的物流企业。

能力培养与训练

实训活动一：分析物流目标市场

【活动目的】

通过实训活动，要求学生能够运用目标市场的原理结合实际来分析各主要目标市场的特征，提升学生分析市场能力和判断市场能力。

【活动组织】

根据班级人数将学生分成若干实训小组，每组选一名组长，负责小组的实训活动，具体分工参照表4-1来完成，也可以在此基础上根据实训的内容做适当的完善，要求认真填写以备存档验收。

【活动步骤】

1. 列出本企业想要进入的主要目标市场。
2. 对主要目标市场的需求、占有率、市场动态、价格等相关情况进行分析。
3. 列出主要目标消费群体。
4. 对主要目标消费群体的特征、行为、需求、购买因素等相关情况进行分析。
5. 列出目标市场的主要竞争对手。
6. 分析主要竞争对手的特征、卖点、市场定位、竞争策略、产品现状等相关情况。
7. 以小组为单位进行交流。
8. 教师点评。
9. 以小组为单位撰写活动报告，并上交备案。

【活动要求】

1. 搜集资料应力求做到全面、真实、详细。
2. 既要根据所学理论知识又要结合实际对主要目标市场的相关内容进行分析。
3. 对主要目标消费群体的调研力求客观、全面。
4. 表格的设计要合理。
5. 活动展示时，要突出重点，彰显特色。
6. 要深入掌握必备的理论知识。

【考核要求】

实训活动的考核主要以小组为单位进行，考核的主要内容有小组成员的参与协作情况、目标市场的概念理解情况、分析问题与理论知识的结合程度、任务完成情况、代表发言情况等。根据各小组的表现，评选出优秀小组。最后将实训活动的相关材料归档。

实训活动二：目标市场定位

【活动目的】

通过实训活动，要求学生能够分析主要目标市场的特征，正确运用物流市场定位程序与方法，确定物流产品或服务定位策略。

【活动组织】

根据班级人数将学生分成若干实训小组，每组选一名组长，负责小组的实训活动，具体分工参照表4-1来完成，也可以在此基础上根据实训的内容做适当的完善，同样要求认真填写以备存档验收。

【活动资料】

假设你是申通物流的市场营销经理，在市场调研与分析的基础上确定并描绘你的客户。

1. 他们来自何处？是本地、国内、国外还是其他地方？
2. 他们购买哪些物流服务？
3. 他们每隔多长时间购买一次？（每天、每周、每月、随时、其他）
4. 他们购买多少？（按数量、按金额）
5. 他们怎样购买？（赊购、金额、签合同）
6. 他们怎样了解你的企业？（通过网络、广告、报纸、电视、口头或其他）
7. 他们对你的企业及所提供的物流服务怎样评价？
8. 他们想要你提供什么？他们期待你能够或应该提供的好处是什么？
9. 你的市场有多大？（按地区）
10. 在各个市场上，你的市场份额是多少？

【活动要求】

1. 组织学生以组为单位对所选择的物流服务产品的市场定位进行调查。
2. 依据所掌控的资料对所选的物流服务产品的差异和市场影响力进行分析。
3. 进行正确的物流服务市场定位。
4. 搜集资料应力求做到全面、真实、详细。
5. 小组要相互交流，教师适时指导。
6. 教师作出点评。

【考核要求】

实训活动的考核主要以小组为单位来进行，考核的主要内容有小组成员的参与协作情况、市场定位方法掌握情况、市场定位策略理解情况、分析问题与理论知识的结合程度、任务完成情况、代表发言情况等。根据各小组的表现，评选出优秀小组。最后将实训活动的相关材料归档。

实训评价

被考评人			考评时间		考评地点		
考评内容							
考评指标		考评标准	分值/分	组内评价/分	组间评议/分	实际得分/分	
专业知识技能掌握	物流市场定位方法	掌握	10				
	物流市场定位策略	理解	20				
	物流市场定位步骤	掌握	10				
	理论知识的运用程度	实训活动完成情况	20				
通用能力培养	出勤情况	按时到岗，学习准备就绪	10				
	道德自律	遵守纪律，有责任心	10				
	学习态度	积极主动，勇于探索	10				
	团队精神	融入团队，分工合作	10				
合计			100				

注：1. 被考评人是实训活动的发言人。

2. 考评内容是实训活动的项目。

3. 实际得分=组内评价×40%+组间评议×60%。

4. 考评满分为100分，59分及以下为不及格；60～74分为及格；75～84分为良好；85分及以上为优秀。

5. 考核材料存档。

单元内容

第五单元　聚焦物流营销策略

物流企业在锁定了目标市场并进行市场定位后，物流营销人员就将对所要营销的目标市场实施营销组合策略。这一策略是物流市场营销的重要内容，是物流企业营销成败的关键，所以营销人员必须学会从产品、价格、促销和渠道这四个方面来制定物流营销策略。

模块一　透视物流产品策略

模块描述

物流产品是物流企业实施营销活动的轴心，是物流市场营销因素组合中的首要因素，直接影响和决定着其他市场营销组合策略的实施，对物流企业的营销成败关系重大。同时，物流客户最关心的也是企业提供的物流产品质量如何、是否能满足其需求。所以，物流企业必须要在产品策略上下工夫，力争为客户提供最合适的产品或产品组合。作为物流营销人员，必须熟悉物流企业的产品是什么、有哪些、处在产品生命周期的什么阶段。本模块将从物流产品的认知开始，详细地介绍物流营销人员必须掌握的物流产品组合策略、品牌策略及产品的生命周期策略等。

模块目标

技能学习目标

1. 通过对物流产品相关理论知识的学习，培养同学们对物流企业产品组合及品牌认知的能力。
2. 运用物流企业产品生命周期的理论，锻炼分析不同阶段营销人员应该选取具体策略的能力。

素质提升目标

1. 在案例分析的过程中，要注意寻求材料的扩充阅读的方法与途径。
2. 在实训活动过程中要注意培养团队合作的意识。

情景导入

随着经济的发展，人们对快递业务的需求直线上升，全球邮政特快专递的业务也在迅速发展。下面介绍其国内速递业务经营的项目。

（1）次晨达。次晨达业务是中国邮政速递物流充分发挥“全夜航”航空自有运输能力的网络优势，对资源整合推出的高品质业务。次晨达业务包含“区域次晨达”和“跨区域次晨达”。

（2）国内特快专递。国内特快专递业务作为中国邮政速递物流的精品业务，以高速度、高质量为客户传递国内紧急文件资料及物品，同时提供多种形式的邮件跟踪查询服务。目前，国内已有近2 000个市、县开办了此项业务。该业务可办理异地特快专递业务和同城特快专递业务。

（3）国内经济快递。经济快递产品主要为电子商务B2B、B2C以及C2C规模客户及商业客户提供时限较稳定的物品类寄递服务。

（4）国内快递包裹。国内快递包裹业务是指在全国范围内开办的以陆路运输为主的一项包裹寄递业务，主要面向居民及各类企业的包裹快速寄递市场。

（5）国内代收货款。国内特快专递代收货款业务，是中国邮政速递物流推出的一项速递延伸服务，为各类邮购公司、电子商务公司、电视直销企业、商贸企业、金融机构等单位提供快速传递实物、代收货款或其他款项并代为统一结算的综合服务。

（6）国内收件人付费。国内特快专递收件人付费业务是指寄递国内特快专递邮件时，寄件人不需交纳邮费，而由收件人支付相关费用的一种特殊服务。目前，开办有国内特快专递收件人集中付费业务、国内特快专递第三方付费业务、国内特快专递收件人付费业务三种。

思考：

1．全球邮政特快专递的物流产品有哪些？选择这些物流产品的原因有哪些？

2．通过阅读材料，谈谈你对物流产品的认识。

知识储备

物流产品是物流企业营销的对象，而如何选择物流产品并进行组合是物流企业慎重考虑的问题，关系到企业的长远发展。

一、物流产品概述

1．物流产品的含义

在现代市场营销中，产品是指能够提供给市场以满足顾客需要及欲望的任何东西，包括有形物品和无形物品。物流产品是指物流企业为了满足客户的物流需求，在开展一系列物流活动的过程中向物流消费者提供的各种物流服务。物流产品的本质是物流服务，它本身并不创造商品的形质效用，而是产生空间效用和时间效用。

小知识

按照传统观念，产品仅指有形物品，但是从现代市场营销观念来看，产品是一个更加广泛的概念，包括有形商品（如汽车、电视机、书本等）、服务（如银行、饭店、音乐会等）、事件（如奥运会、企业周年纪念、百年庆典等）、人员（如总统候选人、刘翔等）、地点（如夏威夷、黄山、八达岭长城等）、组织（如联合国、红十字会等）、观念（如计划生育、环保等）或者它们的组合，等等。

2．物流产品的特征

物流企业提供的物流服务，与有形的产品相比具有许多不同之处。概括起来，物流产品的特征有非物质性、附属性、动态性、专业性和增值性。非物质性是指物流活动生产出来的不是有形产品，而是一种同时产生于生产、销售、消费三个环节中的即时服务，这是物流产品不同于其他产品最大的特征。附属性是指物流产品是伴随着商流的发生而发生的。动态性是指物流企业所提供的物流产品在时间、地域、方式以及物流模式上均具有不确定性，如提供服务的时间、方式等，都要根据需求者的要求即时安排、调整，以满足客户的需求，这就决定了物流产品的动态性。专业性是指物流企业要具有提供专业化物流服务的能力，无论是在物流产品设计、物流操作过程、物流技术工具，还是物流管理水平上，都要体现为专业化的水准。增值性是指物流服务一般能使物品的价值增加，主要是通过为物流客户提供定制化服务来体现，如为客户提供产品包装、设计顾客标志等。

小知识

美国著名的市场营销学专家菲利普•科特勒认为：服务就是一方能够向另一方提供的基本是无形的任何活动或利益，并且它不会导致任何所有权的产生。它的生产可能与某种有形产品联系在一起，也可能毫无关系。

3. 物流产品的层次

整体产品是指产品的整体结构，以菲利普 • 科特勒为首的学者认为用五个层次来表述产品的整体概念更加准确，如图5-1所示。物流产品虽然是一种服务，但也存在着这样的划分。

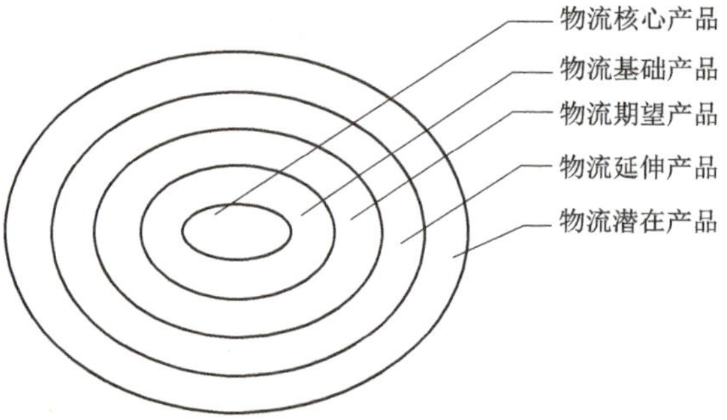

图5-1　物流产品的五个层次

（1）物流核心产品。核心产品即物流客户真正需要的基本服务或利益，是物流产品的灵魂，是最基本的层次，是物流客户购买物流产品的目的所在。如仓储的核心产品是保质和时间效益，运输的核心产品是准确的位移效益。所以，物流企业的营销人员向客户销售任何物流服务时，都必须具有响应客户核心需求的基本效用和利益。

（2）物流基础产品。基础产品即物流核心产品借以实现的形式，或物流企业对某一需求的特定满足形式，具体由品质、式样、特征、品牌和包装五个方面构成。对于物流企业来讲，由于物流产品是无形的，就更需要借助这些有形展示来对物流服务加以实现和传递，如实现物流功能所必需的设施、装备、工具和人力表现等都是基础产品的范围。物流营销人员应努力寻求更加完善的外在形式，以满足物流客户的评价与选择。

（3）物流期望产品。期望产品是指物流客户购买物流产品时期望得到的与产品密切相关的一整套属性和条件。如在整个运输和仓储过程中货物的安全性、托运的方便性、运输的及时性和送达的准确性等。由于物流期望产品使核心产品更加具体、明确，能够吸引物流客户的购买，所以物流营销人员必须更加重视需求者的整体物流消费体系，充分考虑需求者对物流产品的期望属性。

（4）物流延伸产品。延伸产品是指物流客户在购买基础产品和期望产品时附带获得的各种利益的总和，是对物流产品提供者的服务水平的进一步延伸要求。如与货物运输和仓储联系在一起的一系列附加服务，包括咨询、报关、报检和货物的全程跟踪等都是延伸产品的层次。当前，延伸产品已经成为物流企业吸引潜在客户、增强竞争力的重要手段，所以，物流企业要善于发现和利用自己的经营优势，不断开发和扩大物流延伸产品的内容和层次，以应对激烈的市场竞争。

（5）物流潜在产品。潜在产品是可能发展成为未来最终产品的潜在状态的产品。物流现有产品包括所有延伸产品在内，潜在产品则指出了现有产品的可能演变趋势和前景，是对现有产品的进一步延伸和升华，如一站式服务、多式联运等。物流企业可以通过潜在产品持续性地满足物流市场不断涌现的新需求，使企业的物流服务市场得以维持和扩展，营销人员要具有面对客户展示企业可能提供的潜在产品的能力，以唤起客户的进一步需求。

物流产品整体概念的五个层次，清晰地体现了以顾客为中心的现代市场营销观念。在实际运作中，物流企业应该以顾客的基本利益为出发点，紧紧围绕顾客的需求开发物流产品，并且根据市场的竞争状况，实施服务产品的差异化，而物流产品的整体概念为物流企业寻求差异点提供了思路。在物流核心产品同质的情况下，物流服务的差异化可以体现在基础产品、期望产品、延伸产品和期望产品上。如很多物流企业以附加服务来扩大对客户的服务范围，以向客户提供增值服务来取得竞争优势。

二、物流产品组合策略

1. 物流产品组合及相关概念

通常情况下，一个物流企业不可能只经营单一产品，更不可能经营所用的产品；另外，物流企业还要考虑所经营产品之间的协调性。为了解决物流企业所经营产品的量与度、产品之间的结构关系等问题，便产生了物流产品组合的一系列问题。

物流产品组合是指一个物流企业提供给市场的全部产品线和产品项目的组合或结构，即物流企业的业务经营范围。物流产品组合一般包括若干产品线，每一条产品线又包括若干产品项目。图5-2中给出了中国外运股份有限公司（以下简称“中外运”）的产品组合。

物流产品线又称产品大类或产品系列，是指物流产品组合中核心功能相同，但是在服务形式、操作手段、作业流程或服务对象等方面不同的一组产品。图5-2中给出了货运代理、供应物流、快递和集装箱班轮航线四条产品线。

物流产品项目是在一条产品线下按照一定的变量所细分的不同服务类别。在图5-2中，货运代理这条产品线包括海运代理、陆运代理、空运代理、工程物流和特种物流五个产品项目。

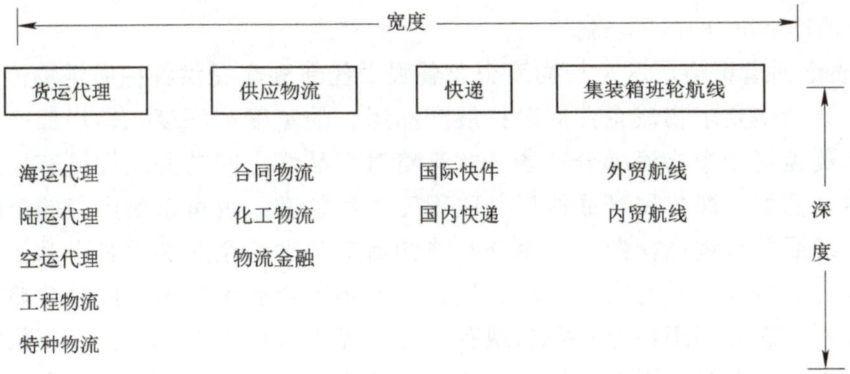

图5-2　中国外运股份有限公司产品（部分）组合示意图

物流产品组合所要研究的问题主要有宽度、深度、长度和关联性四个方面。宽度也称物流产品组合的广度，是指一个物流企业提供的物流服务的大类有多少，也就是说拥有多少条物流产品线。图5-2中，中外运有4条产品线，这反映了该公司产品组合的广度；深度是指物流企业的每条产品线的产品项目的数量。图5-2中，中外运货运代理的产品组合深度是5，供应物流的产品组合深度是3，快递的产品组合的深度是2；长度是指一个物流企业所有物流产品线中物流项目的总和，数量多为长，少为短。中外运的产品组合的长度是12。另外，平均深度是用产品组合的长度除以产品组合宽度的商。中外运的平均深度是3。关联性也称为密度，是指物流企业的各产品线之间在最终用途、经营条件和服务渠道等方面联系的密切程度。物流产品组合的相关性大，实际上是指物流产品系列之间具有一种协调作用。

小知识

物流产品组合不是静态的而是动态的，物流企业的内外部条件在不断变化，产品组合也应随之进行适当的调整，增删一部分产品线及产品项目，使物流产品组合经常达到合理化、最佳化的运行状态。为此，必须借助一定的分析方法来考察物流产品组合的市场业绩，以便作出决策。目前，广泛使用的方法有象限分析法和波士顿矩阵分析法。

根据物流产品组合的四个变化因素，物流企业可以选择四种方法来发展其经营的业务组合。一是扩大物流产品组合的宽度，扩展物流企业的经营范围，实行多样化经营，来分散物流企业的经营风险；二是延展物流产品组合的长度，使物流产品项目更加充裕，成为更为全面的物流产品线公司；三是增加物流产品线的深度，尽量占领同类物流产品的更多细分市场，以满足更广泛的物流市场的需求；四是加强物流产品组的关联性，以增强物流企业在某一特定的领域内的竞争力和市场份额。

2．物流产品组合策略

物流产品组合策略是指物流企业根据市场需要及企业自身的条件，选择适当的产品组合的宽度、深度、关联性来确定经营规模和范围的策略。物流企业应根据实际情况，选择不同的产品组合策略。

（1）物流产品组合方式策略。

1）全线全面型策略。这是指物流企业着眼于任何顾客提供各种所需物流产品的产品组合策略。该策略要求物流企业同时拓展产品组合的宽度和深度，即增加产品线和产品项目，力求覆盖每一个物流细分市场。此策略对产品线之间的关联性没有要求，可以是狭义的全线全面型，即扩展产品线后关联程度仍然紧密；也可以是广义的全线全面型，即扩展产品线后关联程度松散。采用该策略的前提是物流企业必须具有满足整个物流市场需求的能力和条件，具有实力的综合型第三方物流企业可以考虑此种策略。此种策略的优点是有利于充分利用物流企业的现有资源，提高市场占有率，扩大销售额，分散经营风险。缺点是需要投入更多的资金，而且管理更加复杂，如经营不善会影响物流企业的声誉并增加风险。

2）市场专业化策略。这是指物流企业向某个专业物流市场或某些特定物流用户提供所需各种物流产品的产品组合策略。此策略以满足同一类型顾客需求为出发点，着重考虑拓展物流产品组合的宽度，也就是依据同类顾客需求设置产品线。此种策略的优点是有利于在专业市场上建立相对优势；缺点是集中在狭小的专业市场上，风险较大。

3）产品线专业化策略。这种策略是指物流企业只提供某一种类型的不同产品项目来满足市场需求的产品组合策略。选择这一策略的物流企业只拥有一条产品线，可以根据市场需求的状况来增加这一产品线的深度，扩展产品项目。此种策略的优点是有利于物流企业充分利用现有的生产技术和设备，减少设计成本和管理费用，有利于树立企业的品牌形象。缺点是容易受到产品市场生命周期的影响，容易受到替代产品的威胁。

4）有限产品线专业型策略。这种策略是指物流企业只提供某一产品线中一个或少数几个产品项目来满足市场需求的产品组合策略。这一策略可以为小型物流企业所采用，可以发挥专业化程度高的优点，但是风险比较大。

5）特殊产品专业型策略。这种策略是指根据顾客的特殊需要而专门提供特殊产品的产品组合策略。此种策略的市场竞争威胁小，适合于小型物流企业，但是难以扩大经营规模。

6）特别专业型策略。这是指物流企业凭借其特殊的资源条件提供能满足顾客特殊需求的产品的产品组合策略，这一策略可以排斥竞争者的进入。

（2）物流产品组合的调整策略。

物流企业在经营的过程中，总是要根据外部环境的变化和内部条件的状况经常地调整自己现有的产品组合，使其保持最佳状态来应对市场的竞争。

1）扩大产品组合策略。扩大产品组合策略是开拓物流产品组合的宽度和强化物流产品组合的深度。开拓物流产品组合的宽度是增添产品线，扩大物流产品的经营范围；强化物流产品组合的深度是在原有的产品线内增加新的物流产品项目。在具体的业务操作上，物流企业可以增加一条或几条与原产品线相似的营运线路，经营码头、仓库和堆场等；在统一营运线路内设置更多的停靠点等。

此种策略的优点是充分利用物流企业的信誉和品牌知名度，完善物流产品系列，适当扩大经营规模；满足不同顾客的消费偏好，提高物流产品的市场占有率；充分利用企业资源，提高经营效益；可以减少市场需求变动性的影响，分散市场风险。

2）缩减产品组合策略。缩减产品组合策略就是削减物流产品线或产品项目，特别是要取消那些获利小的产品，以便集中力量经营获利大的物流产品线或产品项目。在具体操作上，可以将两条或若干条营运线路合并，或减少面临亏损的营运线路、码头、仓库或堆场；在同一营运线路上减少停靠点等。

此种策略的优点是可以实现物流服务的专业化，提高服务效率，降低服务成本；减少资金占用，加速资金周转；可以集中优势资源改进保留的产品项目，提高品牌知名度；有利于物流企业向市场纵深发展，寻求合适的目标市场。

3）高档产品策略。高档产品策略就是在原有的物流产品线内增加高档产品项目。例如，海尔物流建立的高层自动化仓库和储存物流以及正在全力打造的银行监管仓库、海关监管仓库，都是在原有的仓库服务中加入高附加值仓储服务项目。

此种策略的优点是可以提高物流企业现有产品的声望，提高企业的市场地位；高档服务项目的提供容易给企业带来丰厚的利润。采取此策略的最大障碍就是如何改变物流企业和产品的原有形象，使得客户确信物流企业有能力提供高档服务产品。

4）低档产品策略。低档产品策略就是在原来的产品线中增加低档产品项目。例如，华宇物流原来主要是做长途运输，现在为了培育长期客户，打造自己的核心竞争力，增加了短途运输、送货上门等低附加值服务项目。

采用此种策略有利于利用高档物流产品已有的信誉进入中、低档物流服务市场。但是此种策略如果运用不当，极有可能损毁原有物流产品的声誉和物流企业的整体形象。

三、物流产品品牌策略

1. 品牌的概念

绝大多数物流企业都为自己的产品赋予了品牌，并且成为产品的一个不可或缺的组成部分。品牌是一个名称、词语、标记、符号或图案，或者是它们的组合运用，其目的是借以辨认某个销售者或某群销售者的产品或服务，并使之同竞争对手的产品和服务区别开来。品牌包括牌名和品牌标记，牌名是品牌的名称，是品牌中可以用口语称呼的那部分，主要用于经营者及产品的商业宣传活动。品牌标记是品牌中可识记但是无法用口语称呼的那部分，包括符号、图案、独特的色彩或字体。某一产品的牌名与品牌标记的总和就是该产品的品牌。如果中国远洋物流有限公司和美国联合包裹服务公司的品牌标志，如图5-3所示。从本质上来看，品牌是销售者向购买者长期提供的一组特定的特点、利益和服务，最好的品牌传达了质量的保证，一个品牌最持久的含义应该是它的价值、文化和个性。

中国远洋物流有限公司 COSCO LOGISTICS　　UPS

图5-3　品牌LOGO示例

小知识

商标是经有关政府机关注册登记并受法律保护的整个品牌或品牌的某一部分，所以品牌与商标是总体与部分的关系，商标是品牌的一部分，所有商标都是品牌，但是品牌不一定都是商标。商标具有区域性、时间性和专用性的特点。

2. 物流产品品牌策略

品牌策略是产品策略的一个重要组成部分。对于物流企业而言，具有品牌的物流产品更有利于发挥市场优势和新产品的销售，并且有助于形成物流用户的偏好。因此，在实施物流营销的过程中必须采取适当的品牌策略，尽力强化物流产品的市场竞争力。

（1）同一品牌策略。同一品牌策略是指物流企业提供的一切产品均使用同一物流品牌进入市场；或者是以某一物流品牌的一部分为基础，把它与各种文字与图形结合起来，适用于提供的各类产品项目上。例如，中国邮政物流配送服务使用的品牌战略就是统一的，各服务项目不再启用新的名称。在同一物流品牌之下推出一系列物流产品，不仅可以显示物流企业的实力，树立企业良好的形象，而且可以节省品牌设计和广告宣传等方面的开支。当然，此种策略也有缺点，就是物流企业承担的品牌风险较大，如果一种产品丧失信誉，其他产品也将受到影响。

（2）差别品牌策略。差别品牌策略是指物流企业根据物流产品的品种、用途和质量的不同，分别采用不同的品牌。采用此种策略的好处是可以扩大品牌阵容，提高企业的知名度，促进品牌发展。当某个品牌的物流产品营销失利时，物流企业的整个声誉及其他品牌不会受到影响。

（3）品牌延伸策略。品牌延伸策略就是指物流企业利用某一成功品牌的市场影响力来推出新产品，以获得原有品牌的优势支持。此种策略可以节省品牌促销费用，有效地进行资本扩张或实施多元化战略。如果对新产品的质量没有十足的把握，就应该采取差别品牌策略，以免对原品牌造成不良影响或损失。

（4）多品牌策略。多品牌策略是指物流企业的产品分别采用多种命名，使得物流产品分别包装起来，以壮大企业的声势。这样可以帮助物流企业开发业务，打造有特色的服务品牌，提高增值服务的能力。

四、物流产品生命周期策略

1. 物流产品生命周期的概念

物流产品生命周期是指物流产品自投入市场直到其完全退出市场的全部过程。一般来讲，在整个过程中可以根据物流产品的销售量和利润额的变化情况，将物流产品的生命周期划分为四个阶段，即导入期、成长期、成熟期和衰退期，如图5-4所示。需要指出的是，物流产品生命周期是产品的市场寿命，而不是使用寿命。

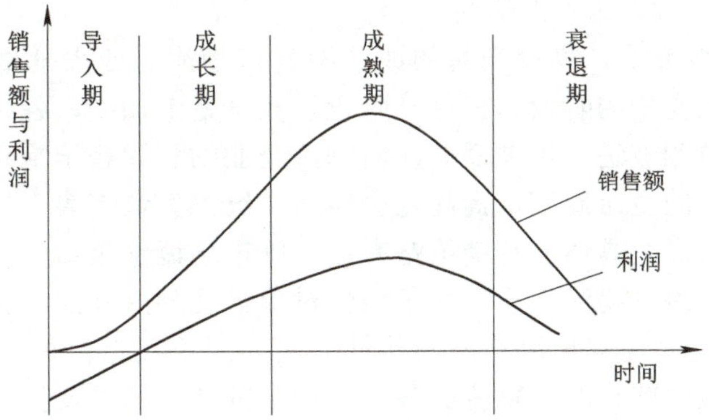

图5-4　物流产品生命周期

物流企业可以借助物流产品生命周期理论来分析、判断本企业的物流产品处于哪个阶段，进而推测物流产品今后的发展趋势，并结合不同阶段的特征采取相应的营销组合策略，以提高物流企业的经济效益。物流产品生命周期不同阶段的特征，见表5-1。

表5-1　物流产品生命周期不同阶段的特征

阶段项目	投入期	成长期	成熟期	衰退期
销售量	低	快速增长	继续增加并有下降趋势	下降
利润额	负或微小	大	达到高峰并逐渐下降	低或负
购买者	新奇者	较多	大众	后随着
竞争者	很少	兴起	增加并饱和	减少

2. 物流产品生命周期策略

（1）导入期营销策略。导入期也称为介绍期，是指物流产品首次正式上市的最初营销阶段。在这个阶段，物流产品销售困难，成本高，营业收入增长缓慢。新上市的物流产品不一定都能走完所有的生命周期阶段，还存在夭折的风险，为此，建立物流产品的初级需求，努力提高物流产品的知名度，是这一阶段的策略重点。具体的营销策略有：迅速建立完善的货物集散网络，以保证物流服务的可得性；广泛收集用户购买物流产品后的信息，尽快修正物流产品存在的不足，完善各种物流装备与技术，保证物流服务的质量；积极利用促销策略，诱导物流用户的购买决策；加大宣传力度，重点应放在知悉物流产品的存在和产品提供的利益与用途上。

（2）成长期营销策略。物流产品的成长期是指物流企业可以大批量提供该项物流产品和扩大市场销售的阶段。在这一阶段，物流产品的销售额迅速上升，利润也大幅度提高，并且竞争者日益增多。物流产品顺利进入成长期，说明这是一个成功的产品，但是物流企业也要十分注意竞争者的进入，为此，成长期的策略重点应放在创立名牌和提高顾客偏爱度上。具体的营销策略有：改善物流服务的品质，增加新的服务功能，力争吸引更多的客户；寻找新的分销市场，开发新货主；选择适当时机，采取降价策略，以便吸引对价格敏感的潜在物流用户的购买；继续发挥广告效应，把顾客对产品的认知从简单的接受转向对产品的深度信任上去，推动人们的购买。

（3）成熟期营销策略。物流产品的成熟期是指物流企业大批量提供物流产品，在物流市场上处于激烈竞争的阶段。在这一阶段，竞争逐渐加剧，各种相同品质的物流服务不断涌现，市场份额被进一步被瓜分，而物流企业的利润趋于饱和并具有下降趋势。为此，延长物流产品的生命周期，提高竞争能力，维持大量销售，尽量获得更多的利润是这一阶段的策略重点。具体的营销策略有：实施市场调整策略，就是寻找新的市场营销机会，吸引更多的潜在物流用户，如把服务对象扩展到海外的购买者上；实施物流产品调整策略，就是改变现有物流产品的特性，提高服务质量，增加原有物流产品对客户的吸引力。主要做法就是改变物流服务人员的服务态度，以及扩大物流企业的有形服务和附加服务等；调整营销组合策略，就是改变一个或多个营销组合元素来努力增加销售量。可以降低价格来吸引新的消费者，可以采取更积极主动的人员推销或其他促销手段，如召开物流技术研讨会等。

（4）衰退期营销策略。衰退期是指物流产品已经逐渐老化，进入更新换代的阶段。在这一阶段，物流用户的需求发生改变，已有新的物流产品进入市场，物流产品的销售量迅速下降，获利空间很小甚至亏损。具体的营销策略主要有：调整物流产品组合的结构和密度，减少衰退的服务项目；关闭少数营业场所，或重新选择地址，转移物流产品市场；维持最低的服务能力，满足尚存的物流需求；积极推出新的物流服务项目。

能力培养与训练

实训活动一：认知物流产品组合

【活动目的】

通过浏览中国远洋物流有限公司网站，了解该公司的概况和物流产品组合的情况，并且根据物流产品组合的相关理论，分析其经营范围的宽度、深度和关联性。

【活动组织】

根据班级人数将学生分成若干实训小组，每组选一名组长，负责小组的活动安排。

【活动步骤】

1. 教师介绍本实训活动的目的及要求。
2. 由组长负责，制定实训活动的实施方案。
3. 分组浏览中国远洋物流有限公司网站，阅读经营领域相关内容。
4. 组内交流，达成一致意见。
5. 组间交流，教师点评。

【活动要求】

以小组为单位，在学习相关理论和网站浏览的前提下填写实训报告单，见表5-2。

表5-2　实训报告单

组别：　　　　　　　　　　　　　　　　　　　　实训时间：

实训项目		成员	
组别		记录人/组长	
实训报告			
（分析公司的物流产品组合状况及具体策略）			
相关理论知识描述			

【考核要求】

实训活动的考核主要以小组为单位进行，考核的主要内容有小组成员的参与协作情况、网站浏览情况、报告单的撰写情况、理论知识的应用情况等。根据各小组的表现，评选出优秀小组和实践能手。最后将实训活动的相关材料归档，作为过程性考核的依据。

实训活动二：韵达快递的品牌建设

【活动目的】

通过对韵达快递品牌内涵设计的阅读，并结合基础理论知识的学习，理解并把握品牌的深刻内涵，从而提高学生对知识的自我构建能力。

【活动组织】

将班级学生分成若干学习小组，通过自由组合与教师协调的方式进行。选出组长，带领小组成员共同完成实训活动。

【活动步骤】

1. 任务下达。要求学生在给定的时间内阅读材料，可以登录韵达的网站做深入的阅读，并利用学过的理论知识分析材料里涉及的具体内容，提炼出自己的观点，然后在小组内进行讨论，最后选定一名代表发言。

2. 现场交流。由每组选定的代表现场发言。

3. 教师评价。教师给出实训的评价。

【活动资料】

阅读下列案例材料，并回答问题。

图5-5　韵达快递标识图

韵达企业标准色为鲜亮明快的红色和黄色，像火焰，像朝阳，充满热情、朝气与活力。这与年轻的企业气质十分吻合。品牌的标识简洁、明快，充满现代感、国际感，易于识读。韵达快递寓意将快件准时安全的运送到达目标客户手中。同时，“韵”又代表着一种和谐的旋律，是希望给客户的美好体验，同时也是每一位韵达人工作中快乐、流畅的体验。图5-5中的思维地图通过一个闭环、两仪太极、三段方法、四个象限、五个维度清晰地表明了公司的价值链闭环，同时“刻度”也体现了精准、数字化的理念。通过准确、快捷的服务，传爱心、送温暖，成为受人尊敬、值得信赖的一流快递公司。

问题：

1．结合案例说明品牌的内涵。

2．韵达快递的品牌设计体现了什么理念?

3．你是怎样理解品牌是对服务质量的承诺的?

【考核要求】

任课教师根据发言同学所持的观点、材料的引证情况、分析问题的深度等综合评价讨论的整体效果，就存在的问题与不足给出具体的意见，对表现好的同学给出表扬。最后将讨论活动的相关材料归档。

实训活动三：物流产品生命周期策略的讨论

【活动目的】

结合物流产品生命周期各阶段的特征，讨论物流企业产品生命周期各阶段的具体策略应用，目的是使学生认识到作为营销人员应灵活运用营销策略。另外，提高学生的思辨能力。

【活动组织】

根据班级人数将学生分成若干讨论小组，每组选一名组长，负责小组的讨论活动，并根据具体情况填写表5-3，要求认真填写以备存档验收。

表5-3　讨论报告单

组别：　　　　　　　　　　　　　　　　实训时间：

发言人		成员	
讨论题目		记录人	
观点阐述			
小组评价			
教师评价			

【活动步骤】

1. 任务下达。要求学生在给定的时间内准备发言材料，可以广泛地搜寻和查找相关佐证材料，并利用产品生命周期策略的基本理论，提炼出自己的观点，然后在小组内进行讨论。最后确定最佳主题，选定一名代表发言。
2. 现场交流。由每组选定的代表现场发言。
3. 教师评价。教师给出实训的评价。

【活动要求】

请每个小组任意选择下列讨论题目中的一个，充分准备后作典型发言。

1. 你是怎样理解物流产品生命周期策略的？
2. 物流企业的产品就是服务，该产品的生命周期各阶段有什么特征？
3. 简要说明产品生命周期的四个不同阶段的具体策略。
4. 作为一名营销人员，你应该怎样面对导入期的策略应用？

【考核要求】

任课教师根据发言同学所持的观点、材料的引证情况、分析问题的深度等综合评价讨论的整体效果，就存在的问题与不足给出具体的意见，对表现好的同学给出表扬。最后将讨论活动的相关材料归档。

实训评价

被考评人			考评时间		考评地点	
考评内容						
考评指标		考评标准	分值/分	组内评价/分	组间评议/分	实际得分/分
专业知识技能掌握	物流产品组合策略的运用	掌握	10			
	对物流品牌策略的认知	理解	20			
	产品生命周期策略的把握	掌握	10			
	课业完成情况	实训活动完成表现	20			
通用能力培养	出勤情况	按时到岗，学习准备就绪	10			
	道德自律	遵守纪律，有责任心	10			
	学习态度	积极主动，勇于探索	10			
	团队精神	融入团队，分工合作	10			
合　计			100			

注：1．被考评人是实训活动的发言人。
2．考评内容是实训活动的项目。
3．实际得分=组内评价×40%+组间评议×60%。
4．考评满分为100分，59分及以下为不及格；60～74分为及格；75～84分为良好；85分及以上为优秀。
5．考核材料存档。

模块二　制定物流产品价格

模块描述

一个物流企业在确定了物流产品之后，接下来的问题就是明确物流产品的价格。价格是营销组合中十分重要的因素，价格合理与否，对物流产品的销售、促销、市场竞争地位的获得以及物流企业的利润都会产生极大地影响。为了让学生对物流产品的价格有一个较为全面的认知，本模块将系统地讲解物流产品价格制定的方法、技巧及面对市场竞争的调整措施等基本理论知识，并在技能训练的过程中培养学生具体方法的运用能力。

模块目标

技能学习目标

1. 通过案例分析与相关材料的学习，了解物流产品价格的制定方法与技巧。
2. 掌握物流产品的定价策略。

素质提升目标

1. 在案例分析的过程中学会理论知识的应用，培养理论联系实际的素质。
2. 在实训活动过程中要注意培养团队合作的意识。

情景导入

集装箱运输服务的需求是一种派生性的需求，而且是有弹性的。由于市场竞争激烈，加上运输成本构成项目多，难以准确计算，另外整个集装箱运输行业由工会组织，以合作的形式为基础，中远集团集装箱运输公司基于多方面的考虑，实行了差别定价的方法。也就是对于不同的市场，采取不同的价格策略，实行不同的运价定位。一般而言，客户不同运价就会不一样，对于签约的关键客户实行优惠价格；对于未签约的客户，实行淡旺季的区别定价。

思考：

1．你认为什么是物流产品的价格?

2．结合案例，说明中远集装箱运输公司所运用的价格策略。

知识储备

对于物流企业来说最困难的事情之一就是给一种产品确定适当的价格。定价策略既是科学，又是艺术。从科学性来看，定价体现价值规律的客观要求；从艺术性来看，价格要发挥市场价格的杠杆作用。物流产品的价格是客户为了获得某种服务而支付的成本，是物流企业收入和利润的来源。

物流企业在定价的时候要受到多个因素的影响，主要有：定价目标、成本、需求和竞争状况等。定价目标是指物流企业通过制订一定水平的价格所要达到的预计目的，一般可以划分为利润目标、销售额目标、市场占有率目标和稳定价格目标。成本是物流产品价值的基础，它决定着产品价格的最低界限，可以划分为固定成本和变动成本。市场需求影响顾客对物流产品价值的认识，也决定着物流产品价格的上限。市场竞争状况直接影响着物流企业定价策略的应用，在产品差异性较小、市场竞争激烈的情况下，物流企业制定价格的自主性也相应地缩小。除此之外，定价还要受到国家政策、法律、经济环境等因素的影响。

小知识

市场占有率又称为市场份额，是指物流企业的销售额占整个物流行业销售额的百分比，或者是指物流企业的某项服务产品在某市场上的销量占同类物流服务产品在该市场销售总量的比重。经验数据表明，市场占有率越高，企业的投资收益率越高。

一、物流产品定价方法

定价方法是企业为了实现定价目标所采取的价格制定方式。价格制定是一项复杂的工程，除了必须考虑的因素外，物流企业在定价方法上同其他企业相似，可以分为成本导向定价法、需求导向定价法和竞争导向定价法三类。

1. 成本导向定价法

成本导向定价法是指物流企业依据其提供的物流服务成本来决定产品的价格，这是一种传统的、应用范围较为广泛的定价方法，主要有成本加成定价法和目标利润定价法两种。

（1）成本加成定价法。成本加成定价法是指在物流产品单位成本的基础上，加上一定的预期利润来确定产品的销售价格的定价方法。由于利润的多少是按一定的比例确定的，习惯上称为“加成”，加成的幅度通常用百分比来表示。这种定价方法在物流企业产品的生产成本低于或等于相同产品的社会必要生产成本时是有效的，但当产品的生产成本高于相同产品的社会必要生产成本时采用此方法就有可能导致产品滞销。计算公式为

$$p=c\,(1+r)$$

式中，p是单位产品价格；c是单位产品成本；r是成本加成率或预期利润率。

例如，某企业的单位产品总成本是120元，成本加成率是20%，该产品的销售价格应该是多少呢？c是120元，r是20%，p就是144元。由此可见，该定价方法简单明了，比较容易掌握，是较为理想的定价方法。其中，加成率的多少是关键，必须依据物流产品的性质、营销费用、竞争程度和市场需求状况通盘考虑后确定。

（2）目标利润定价法。目标利润定价法是一种根据物流企业要实现的目标利润来定价的方法。这种定价方法主要是从物流企业想要达到的利润目标来考虑，不同于成本加成的地方就在于此。计算公式为

$$\frac{p=(f+v+m)}{q}$$

式中，p是单位产品价格；f是固定成本；v是变动成本；m是目标利润；q是预计销售量。

例如，某物流公司3月份计划周转量为4 000千吨·千米，单位变动成本为120元/（千吨·千米），固定成本为15万元，目标利润为20万元，则单位运价是多少？根据公式，f是150 000元，v是480 000元，m是200 000元，q是4 000千吨·千米，p=（150 000+480 000+200 000）/4 000，结果是207.5元。这种定价方法有利于加强物流企业管理的计划性，能够较好地实现企业的投资回收计划，但是要估计好产品的销售量，尽量避免由于价格而使销售量达不到预期目标的情况出现。

小知识

固定成本是指不随产出变化而变化的成本，如配送中心的厂房、物流设备、物流管理人员的工资等。变动成本是指随着物流产品产出的变化而变化的成本，如物流运输费用、电费等，在物流行业中变动成本所占的比例较大。

2. 需求导向定价法

需求导向定价法是从客户的需求出发，根据客户对物流服务产品的主观接受程度、主观认知和理解程度进行物流产品定价。这种定价不仅考虑成本，还需要考虑产品的市场生命周期、市场购买力、顾客心理、销售区域等因素。即在市场需求强时，可以适当提高价格；在市场需求强度小时，就适当降低价格。这种方法主要有习惯定价法、理解价值定价

法、区分需求定价法和比较定价法等。

（1）习惯定价法。习惯定价法是物流企业仿照长期被顾客接受的价格来定价的一种方法。在物价稳定的市场上有许多的产品，由于人们长期购买所养成的习惯逐渐形成了一种习惯的价格，这种价格的形成在物流行业中比较常见。例如，各家快递公司提供的同质服务产品持续在一定的价格水平上，顾客也是一直习惯以这个价格来购买快递公司的产品。对于这类产品，物流企业必须遵照习惯来定价，即使生产成本降低了，也不能轻易降价，因为降价容易引起顾客对产品质量的怀疑；反之，生产成本增加了，也不能涨价，只能靠薄利多销来弥补低价的损失，否则必将影响产品的销路。

（2）理解价值定价法。理解价值定价法是根据顾客对物流产品价值的理解，即产品在顾客心目中的价值定位来确定价格的方法。这种定价不是以物流企业的成本为基础，而是以顾客对物流产品的需求和价值认识为出发点。物流企业可以运用销售推广策略，特别是其中的非价格因素来诱导客户，力争使客户在头脑中形成一种价值定位，然后根据这种定位来确定价格。此种定价方法的关键就是要正确地评估和判断顾客对物流产品价值的理解程度。因此，物流企业必须通过广泛的市场调研，充分了解顾客的需求偏好，并依据产品的属性指标来判断顾客的理解价值，进而确定产品的价格。

（3）区分需求定价法。区分需求定价法又称差别定价法，就是物流企业提供同一种产品或服务，针对不同的顾客、在不同的时间或不同的地点制定不同的价格。如同种物流服务产品对于购买量大或者付款及时的顾客，可以给予一定的折扣；如不同季节、日期可以灵活地制定不同的价格。采用区分需求定价法要考虑多方面的条件：市场必须可以细分，并且各细分市场的需求强度不同；竞争者不可能低价竞销；为此所付出的成本费用不得超过区分定价所得的额外收入；区分定价不会引起顾客的反感。

（4）比较定价法。比较定价法是根据对产品需求弹性的研究与市场调查来决定价格的方法。一般认为，价格高，获利则多；反之，获利就少。其实，究竟采取低价多销还是高价少销，可以通过对价格需求弹性与市场调查来决定。对于富有弹性的物流产品，可以采取降价的方法；对于缺乏弹性的物流产品，则可以采取提高价格的方法。或者通过市场调查，分别按高价、低价出售，计算销量和利润，从而判断出哪种价格对企业有利。

3. 竞争导向定价法

竞争导向定价法是根据同一市场或类似市场上竞争对手的价格来制定本企业物流产品的价格。这种定价法只需要了解竞争对手的物流服务项目及其相应的价格即可，简便易行。其主要包括随行就市定价法、投标定价法、低于竞争者产品价格定价法和高于竞争者产品价格定价法等，这里主要介绍前两种。

（1）随行就市定价法。随行就市定价法是指根据本行业平均定价水平作为本企业定价标准的一种定价方法。这种定价方法以竞争对手的价格为依据，是一种非常普遍的定价方法。采用这种方法有很多优点：简便易行，无需对需求进行详细的分析；容易与同行和平共处，免受价格战；价格容易被顾客接受。如客运航空公司，每当中秋、国庆和春节等假日时，为了避免竞争就常常采用随行就市定价法。

（2）投标定价法。投标定价法是物流企业在参与投标时使用的竞争导向定价法，通过估计竞争对手的可能报价，使自己的定价在能够盈利的前提下低于竞争对手的可能报价以赢得标的。一般做法是买方通过刊登广告或发送函件等形式，说明采购物流服务的具体要求，邀请卖方在规定的期限内投标。买方在规定的期限内开标，选择报价较低的卖方成交，签订物流服务合同。这种定价对买方非常有利，是卖方的竞卖，适合于产品供大于求的买方市场情况。物流企业在参加投标时往往面对一种矛盾的选择：如果报价低，容易中标得到合同，但是利润会很少；如果报价高，预期利润高，但是得到合同的概率又很小。因此，关键是估计中标的可能性，这需要做大量细致的准备工作。

二、物流产品定价策略

物流企业的营销定价策略就是把物流产品的定价与产品、渠道和促销等策略巧妙地结合起来，制定出最有利的物流产品价格，以实现企业的营销目标。基本要求就是如何把物流产品价格定得既能为顾客容易接受，又能为企业带来比较多的收益。物流企业在定价的过程中往往会运用多种多样和灵活善变的手段和技巧。

1. 差别定价

差别定价是物流企业根据交易对象、交易时间和地点等因素的不同，制定出多种不同的价格来销售物流产品的策略。一般来说，此种定价有四种表现形式：一是顾客差别定价。物流企业将同一物流产品以不同的价格卖给不同的物流顾客。二是物流产品形式差别定价。物流企业对不同类型或形式的物流产品分别制定不同的价格卖给物流客户，但是这种产品价格之间的差额与成本费用之间的差额并不成比例。三是物流产品部分差别定价。物流企业对于处在不同位置的物流产品分别制定不同的价格，即使这些物流产品的成本费用并没有任何差别。四是销售时间差别定价。物流企业针对不同季节、不同时期甚至不同钟点的同一物流产品分别制定不同的价格。另外，物流企业采取差别定价应该具备相应的条件：首先市场必须是可以细分的；不能有倒卖物流产品的行为出现；竞争者没有可能在企业以较高价格销售产品的市场上以低价竞争。

2. 新产品定价

（1）撇脂定价策略。撇脂定价策略是指物流产品在上市初期，把价格定得很高，以攫取最大的利润，如从鲜奶中撇取奶油一样。采取此策略主要是为了尽快收回成本，因为竞争终将会到来，只要高价尚未引起顾客的反感，争取时间，尽量获得更多的利润。如果高价影响了预期的销售量，或招来竞争者进入，即可削价竞销，其着眼点是降价容易涨价难。此种策略的优点主要体现在：在新产品上市之初，顾客有求新求异的心理，高价有助于开拓市场；高价能够尽快收回成本并获利，有助于进一步扩充市场；对于竞争者的进入，有机会以降价的方式来应对。当然，此种策略也有缺点：高价给市场开拓造成一定的困难，特别是物流产品声誉尚未建立之时，甚至无人问津；如果高价造成市场需求旺盛时，极易诱发竞争。应用此策略需要具备相应的条件：一是应有足够的购买者，并且他们的需求缺乏弹性，即使物流产品的价格很高，购买也不会大量减少；二是在高定价的情况下，企业仍然独家经营，尚无竞争者进入；三是高价应与物流产品的质量和企业的形象相适应。

（2）渗透定价策略。这是与撇脂定价策略相反的一种策略，即在新产品上市之初，物流企业将产品价格定得相对较低，以吸引顾客，提高市场占有率。这种策略能够尽快被市场接受并迅速打开销路。同时，低价低利能有效地抵制竞争者加入，因而能较长期的占领市场。但是值得注意的是，企业的投资回收期较长，见效慢，风险大。一旦渗透失利，企业将一败涂地。采用此种策略应该具备如下条件：产品的市场规模较大，存在潜在的竞争者；产品的需求价格弹性较大，顾客对此产品的价格敏感度较高；低价能够有效地阻止或延缓竞争对手的加入。

小知识

需求弹性就是指收入、价格等因素的变化引起的需求的相应变动率，这一指标对于研究市场需求及相应的价格变动规律有重要的作用。一般来说，需求弹性可以划分为需求收入弹性、需求价格弹性和需求交叉弹性三种。需求价格弹性大的产品需求量对于价格的变化有强烈的反应，而需求价格弹性小的产品需求量对于价格的变化反应则要小一些。

（3）中间定价策略。这是介于高价和低价之间的一种定价方法，即按照物流行业的平均定价水平或按当时的市场行情来制定价格，是一种随大流的定价策略。此种定价策略的好处在于：物流产品价格易于被消费者认可，企业可以获得比较稳定的市场；企业可以在不太长的时间内收回产品成本。可见，中间定价的最大优点是稳，避免了高价策略与低价策略的缺点，但同时也在很大程度上抹杀了前两种定价技巧的优点。采用此种策略最应注意的问题是避免物流产品没有特色而打不开销路。

3. 折扣定价

在大多数的物流产品市场上都可以采用折扣定价法，通过折扣可以达到两个目的：一是作为一种促销手段，鼓励提早结算、大量购买或错高峰消费；二是对服务承揽人的报酬，促进物流产品的购买。

（1）现金折扣。它也称付款期折扣，是物流企业对以现金付款或提前付款的客户给予一定比例的价格折扣，用来鼓励物流客户按期或提前偿付货款，以促进确认成交，加快回款。例如，交易条款中注明“2/10，n/30”，其意思是若客户在成交后10天内付款，按照原价给予2%的现金折扣，超过10天要付全款，但是做最多不能超过30天。

（2）数量折扣。数量折扣是根据购买产品的数量或金额的多少，按其达到的标准给予一定的折扣，购买数量越多，金额越大，折扣就越高。数量折扣可以分为累计数量折扣和非累计数量折扣。前者是在规定的期限内购买产品达到或超过一定的数量或金额，按其总量的多少给予不同程度的折扣，这种策略可以鼓励客户重复购买。后者适用于一次性购买较大的数量或金额时给予一定的折扣，采用此种策略有助于企业节省费用，但是在交易结束以后没有把企业与客户连在一起。

（3）季节折扣。生产季节性产品的物流企业，对销售淡季前来采购的物流客户给以一种折扣优待的策略。其目的是鼓励物流客户提早签订订货合同或淡季采购，以减轻物流企业仓储、运力等压力。

（4）代理折扣。这是物流企业给货运代理、船务代理、包装或加工代理商的折扣策略。根据中间商在物流中的不同地位和作用给予不同的折扣。

（5）回程或方向折扣。这是物流企业在回程或运力供应富裕的运输线路与方向给予的价格折扣，目的是减少运能的浪费。

4. 关系定价

关系定价就是基于关系营销的定价策略，这种定价策略能够刺激顾客购买物流企业的产品而抵制竞争者。为此，营销人员要理解顾客同企业建立长期关系的需要和动机，同时也要分析潜在竞争者的获利举动。一般来说，关系定价可以采用长期合同和多购优惠两种方式。

（1）长期合同。营销人员可以运用长期合同向顾客提供价格刺激或非价格刺激，目的是使双方建立合作伙伴关系，实现长期合作。

（2）多购优惠。这个策略的目的在于促进和维持顾客关系。它包括同时向物流顾客提供两个或两个以上的相关物流产品。多购优惠就是确保一次购买几种相关物流产品比单独购买一种物流产品要便宜。这样物流企业可以获得三方面的利益：一是多购能使物流企业降低成本；二是方便顾客，为顾客节省时间和金钱；三是有利于物流企业与顾客之间联系点的增多，有助于发展长期的合作关系。

小知识

关系营销是与关键成员（顾客、供应商、分销商）建立长期满意关系的实践，目的是保持营销者长期的业绩和业务。营销者通过不断承诺和给予对方高质量的产品、优良的服务和公平的价格来实现关系营销。关系营销的最终结果是建立起企业的独特资产，即一个营销网。

5. 心理定价

心理定价是物流企业针对顾客心理活动和变化规律来定价的方法和技巧。

（1）声望定价。声望定价是指物流企业将产品的价格制定得比同类产品的价格要高，以显示产品或物流企业的名望。这种策略能有效地消除顾客的购买心理障碍，使顾客对产品或物流企业形成信任感和安全感，顾客也会从中得到荣誉感。比如，一些具有特殊时尚属性的物流服务项目可以采用此种定价策略。

（2）招徕定价。招徕定价是物流企业有意将少数物流产品降价以吸引顾客的定价方式。物流产品的价格定得低于市价，一般能够引起顾客的注意，这就迎合了顾客求廉的心理。采用这种策略，虽然少数的几个产品赚得不多，但是从总的经济效益来看，由于低价带动其他产品的销售，物流企业还是有利可图的。

上述的定价方法与技巧是物流产品制定价格的基本手段，但是物流企业在最终确定产品价格的时候还需要考虑以下一些因素：产品的价格必须要与政府的政策、法令以及国际惯例、规则相符合；最终定价要考虑顾客的心理感受；要考虑企业品牌质量和广告上的要求；还要考虑企业内部有关人员、供应链上其他伙伴以及竞争对手的反应。

三、物流产品价格调整

物流产品的价格并不是一成不变的，物流企业要根据企业技术水平、社会经济环境以及市场需求的变化对物流产品的价格进行相应的调整，只有这样才能保证物流产品的价格水平能够满足市场及企业自身实现营销目标的需要。物流企业对产品价格的调整说到底就是对价格的调低与调高。这里说的价格是物流企业产品的总体价格水平，不包括差别定价等一些特殊的专门定价。

1. 降价

物流企业需要降低产品价格的情况有：物流企业运作效率提高，物流服务的成本下降，可以降低价格吸引客户并保持原有的利润水平不变；更多的竞争者加入，在盈利的前提下，降低物流产品价格以应对激烈的竞争；物流产品进入衰退期，为了延迟市场生命周期、保留客户，需要降低物流产品的价格。

2. 提价

物流企业可以提高产品价格的情况有：物流产品出现供不应求的情况，并且产品竞争较小，可以适当地提高价格赚取利润，但是要提防对客户造成反感；成本增加，导致物流产品成本上升，只有提价才能补偿，如石油价格的上升导致运输成本的增加，这种提价是在整个行业内进行的，能够得到客户的理解。

任何的价格变化都将会引起购买者、竞争者和利益相关者的注意。对于降价，客户一般会认为：产品质量可能有问题；物流企业经营困难；物流产品销售不畅等。竞争者会认为：企业正试图悄悄地夺取更多的市场份额；或者企业已经经营不善等。那么对于提价，可能会被顾客或竞争者认为：此产品很畅销；产品很有价值；想获得更多的利润等。价格的变动会引起多方面的不同反应，所以对物流产品的价格调整要谨慎行事。

能力培养与训练

实训活动一：物流产品定价方法的应用

【活动目的】

通过对物流产品定价方法的练习，使学生初步掌握基本的定价方法，进一步理解成本导向定价、需求导向定价的不同。

【活动组织】

将班级同学按三人一组分成若干小组，在组长的带领下完成实训活动。

【活动步骤】

1. 教师介绍本实训活动的内容、要求及注意事项。
2. 以小组为单位完成实训任务。
3. 现场发言交流，教师点评。
4. 教师总结。

【活动资料】

请回答下列问题。

1. 某企业的单位产品总成本（由单位劳动成本、原料成本、电力成本、工具成本、日常开支成本汇总）为25元，企业的预期利润率为18%，该产品的销售价格应该是多少？

2. 某物流公司10月份计划周转量为7 500千吨·千米，单位变动成本为180元/（千吨·千米），固定成本为25万元，目标利润为40万元，单位运价是多少？

3. 假设某物流企业有A、B、C三个物流产品项目，分别就服务速度、货物安全、服务人员素质和服务增值四个属性指标请专业人士进行理解价值评价，见表5-4。要求：分别计算A、B、C三种产品的理解价值，如果B产品的定价是100元，那么A和C的定价应该是多少？

表5-4 不同物流产品的理解价值

属性指标	权重（%）	物流产品		
		A	B	C
服务速度	40	40	40	20
货物安全	30	33	33	33
服务人员素质	20	40	30	30
服务增值性	10	40	25	25

【考核要求】

组员独立完成或协同完成是组内交流的前提，提倡组员之间相互合作，尤其是在计算方法的应用上更要体现互相帮助的团队精神。各组在相互交流时，教师要对发言的同学给予正面、积极的肯定，同时指出不足之处。最后要提交实训报告，作为成绩评价的一部分。

实训活动二：物流产品定价策略分析

【活动目的】

定价对于物流企业来说是非常重要的活动。本实训活动给出了物流产品定价的案例材料，要求学生认真阅读并回答相关问题，目的是进一步理解物流产品定价的相关策略，同时培养学生分析问题的能力以及语言组织与表达能力。

【活动组织】

根据班级人数首先将学生分成若干实训小组，每组选一名组长，负责小组的案例分析活动。表5-5是实训小组成员及分工情况，要认真填写此表以备存档验收。

表5-5　实训小组成员及分工情况

组别：　　　　　　　　　　　　　　　　　　　　　实训时间：

组长		成员	
发言人		记录人	
发言纪要			
教师点评			

【活动步骤】

1. 教师介绍本实训活动的内容、要求及注意事项。
2. 整体阅读并分成小组分析讨论案例材料。
3. 现场发言交流，教师点评。
4. 教师总结。

【活动资料】

请分析案例材料并回答下列问题。

在西方航空公司中，法国航空公司是首家开辟中国航线的公司，在确定中国航线的机票价格时主要考虑了市场需求、竞争对手和服务内容三个方面。法航认为价格太高或太低都不能推动自身业务的发展，其原则就是必须为乘客提供最优质的服务。例如，北京巴黎航线配备了可以个人独享的私人电视等，但是机票的价格并没有变化。至于法航在国际市场上的定价策略，法航认为市场的变化会以两种方式影响机票的价格：如果市场需求小，价格就有下降的趋势；反之，价格就会趋于稳定。例如，中国到欧洲主要集中在两个季节，冬季是从11月1日至第二年的3月31日，市场需求比较小；而夏季是从4月1日至10月31日，客流量始终都很大，所以冬季价格与夏季价格相比要低10%左右。

与法航相比，美国西北航空公司机票的种类比较多，飞往中国的机票正常票价不受出票及旅行时间的限制，可以随时更改，而且退票无需交纳罚金。对于特殊机票，会受到诸如订座及改票、退票、旅行日期等因素的限制。机票的定价策略基本可以划分为五类：正常机票不受出票及旅行时间的限制，可随时更改，退票无罚金；特殊机票受到出票日期、订座舱位及改票、退票、旅行日期、季节等因素的限制；政府票价只适应于政府工作人员；军人票价只适应于现役军人；此外还有访美旅行者票价，只适应于短期访美乘客，而且需持有往返机票。

问题：1．什么是物流产品定价，有哪些基本的定价方法？

2．法国航空公司为什么要根据季节不同对价格进行调整？调整的依据是什么？

3．美国西北航空公司采取的是什么定价策略？

【考核要求】

实训活动的考核主要以小组为单位来进行，考核的主要内容有小组成员的参与协作情况、发言材料的准备情况、语言表达情况、分析问题与理论知识的结合程度、发言效果等。根据各小组的表现，评选出优秀小组和最佳发言人。最后将实训活动的相关材料归档。

实训评价

<table>
<tr><td colspan="2">被考评人</td><td></td><td>考评时间</td><td colspan="2"></td><td>考评地点</td><td></td></tr>
<tr><td colspan="2">考评内容</td><td colspan="6"></td></tr>
<tr><td colspan="2">考评指标</td><td>考评标准</td><td>分值/分</td><td>组内评价/分</td><td>组间评议/分</td><td>实际得分/分</td></tr>
<tr><td rowspan="4">专业知识技能掌握</td><td>物流产品定价的理解</td><td>掌握</td><td>10</td><td></td><td></td><td></td></tr>
<tr><td>定价方法的把握</td><td>理解</td><td>20</td><td></td><td></td><td></td></tr>
<tr><td>定价策略的认知</td><td>掌握</td><td>10</td><td></td><td></td><td></td></tr>
<tr><td>理论知识的运用程度</td><td>实训活动完成情况</td><td>20</td><td></td><td></td><td></td></tr>
<tr><td rowspan="4">通用能力培养</td><td>出勤情况</td><td>按时到岗，学习准备就绪</td><td>10</td><td></td><td></td><td></td></tr>
<tr><td>道德自律</td><td>遵守纪律，有责任心</td><td>10</td><td></td><td></td><td></td></tr>
<tr><td>学习态度</td><td>积极主动，勇于探索</td><td>10</td><td></td><td></td><td></td></tr>
<tr><td>团队精神</td><td>融入团队，分工合作</td><td>10</td><td></td><td></td><td></td></tr>
<tr><td colspan="3">合　计</td><td>100</td><td></td><td></td><td></td></tr>
</table>

注：1. 被考评人是实训活动的发言人。
2. 考评内容是实训活动的项目。
3. 实际得分=组内评价×40%+组间评议×60%。
4. 考评满分为100分，59分及以下为不及格；60～74分为及格；75～84分为良好；85分及以上为优秀。
5. 考核材料存档。

模块三　设计物流产品分销渠道

模块描述

物流企业的竞争不仅是物流产品的竞争，更是分销渠道的竞争，因为仅仅凭借物流产品的优势在物流市场竞争中胜出已经非常困难。实践证明只有将“渠道”这一重要策略加入到营销组合策略中，才能形成真正的竞争优势，物流企业也只有通过一定的分销渠道将物流产品送达目标市场才能实现其价值。那么，什么是物流产品的分销渠道？分销渠道有哪些基本的模式？物流企业怎样构建符合自身特点的分销系统？本模块将围绕这些基本问题系统地介绍有关物流产品分销渠道的基本知识，并培养学生在渠道选择和渠道管理方面的基本技能。

模块目标

技能学习目标

1. 通过案例分析与相关材料学习，培养把握分销渠道及相关概念的能力。
2. 能够通过分销渠道的情景模拟演练，提升学生的自主学习能力。

素质提升目标

1. 在案例分析的过程中学会理论知识的应用，培养理论联系实际的素质。
2. 在实训活动过程中要注意培养团队合作的意识。

情景导入

中远集团在集装箱市场上，为了加强与顾客的直接接触，在全球设立了自己的办事处，大力拓展直销渠道，直销的比例扩大到50%以上，揽货能力大大增强，市场竞争能力得到了强化。中远集团之所以在集装箱市场上采取直销的模式，主要基于以下的考虑：一是集装箱市场供过于求，若使用中间商会造成货源不稳的局面。二是方便运价控制，以便运用价格手段与竞争者展开竞争。三是直接与货主接触，拜访客户，了解客户需求，有利于更好地为顾客服务。

思考：

1．阅读案例，谈谈什么是物流产品的分销渠道。

2．结合案例，分析直销渠道的选择需要考虑哪些因素。

知识储备

物流企业必须将物流产品传递到客户手中，才能最终获得利润。那么，物流企业如何将物流产品传递到客户手中呢？采取怎样的方式进行传递？这是物流企业面临的重要问题。同时，物流产品不同于工业品与生活消费品的特征决定了其在传递上存在一定的差异性。

一、物流产品分销渠道的含义

物流产品分销渠道是指物流产品从物流企业转向物流用户所经过的由企业或个人连接形成的通道。此渠道主要包括运输企业、货主、仓库、货运场站、中间商和代理商等。其起点是物流企业，终点是物流用户，中间环节包括为完成物流活动而进行货源组织的中间商，主要有车站、码头、机场等场站组织，船代、货代等有关代理机构，铁路、公路、水路、航空等联运公司。物流产品分销渠道的建立有助于减少市场中交易的次数；专业化分销渠道的设置使物流产品分销成本最小；同时，分销渠道为物流产品买卖双方搜集市场资源提供了便利。另外，物流产品分销渠道具有层次少和可控性强的特点。层次少是指物流产品的分销渠道多为零渠道，也就是直接分销渠道，即使存在中间商，其作用也是有限的；可控性强是指物流企业可对自己的产品的营销进行直接控制，不像其他产品的营销活动受外界影响过大。

小知识

分销渠道是指某种货物或劳务从生产者向消费者转移时取得这种货物或劳务的所有权或帮助转移其所有权的企业和个人。因此，分销渠道主要包括商人（因为他们取得所有权）和代理中间商（因为他们帮助转移所有权）。此外，它还包括作为分销渠道的起点和终点的生产者与消费者，但是不包括供应商、辅助商等。

二、物流产品分销渠道模式

分销渠道模式即分销渠道的基本类别和形态，可以从不同的角度按不同的标准进行区分，一般按物流企业在其分销活动中是否通过中间商来划分，可分为直接渠道和间接渠道；按照物流产品渠道层次或渠道环节的多少可以划分为长渠道与短渠道；按渠道中每个层次使用中间商数量的多少，可分为宽渠道和窄渠道。

1. 直接渠道

直接渠道也叫零层分销渠道，是指物流企业直接面对客户，为客户提供服务，没有任何中间商介入的分销渠道。这是一种最简单、最直接的分销渠道，也是能反应物流服务的基本特点的主要分销渠道。例如，在集装箱班轮运输巨头马士基的分销渠道中，直销比例已达70%以上。

作为直接面向客户的服务产品分销渠道具有较大的优势：一是物流企业能较好地控制物流产品的供应和质量；二是有利于实行个性化的物流服务方式，提供差异化的特色服务；三是可以减少佣金折扣，便于企业控制物流服务价格；四是便于与顾客实施双向沟通，有效了解客户需求变化，并及时作出反应。采取此种分销模式，物流服务的接触是非常重要的，必须让每一个员工知道服务的特点，强调围绕顾客的语言、动作、环境和心理设计的重要性。现代物流企业采用直接渠道模式，主要是通过人员推销、广告、电话等方式来拓展业务。目前由于互联网的迅速发展，物流企业又都纷纷利用这一先进的媒介推广服务。例如，美国的联邦快递公司在1994年建立了自己的网站，与客户之间进行互动，可以使客户实时提交业务、跟踪运输情况和得知抵达时间等。

2. 间接渠道

间接渠道就是物流企业通过一些中间商来向客户销售物流服务的渠道类型。采用间接分销渠道的关键是选择物流中间商。

虽然中间商在物流服务分销中的作用是有限的，但是对于物流企业而言，采用中间商仍然可以获得一定的好处：①比直接分销渠道投资少，减少物流企业的投资风险；②通过中间商可以满足某一地区或某一细分市场上客户的特殊要求；③有利于物流企业扩大市场覆盖面，提高市场占有率；④延伸信息触角，拓宽信息来源。

小知识

中间商是指介于物流企业与货主之间，专门从事物流服务产品流通活动的经济组织或个人，或者说，中间商是物流企业向客户出售物流产品时的中介机构。中间商具有组织货源、传递物流信息、提供咨询以及参与物流服务等多项功能。

3. 短渠道与长渠道

一般来说，分销渠道的长度按渠道层次或渠道环节的多少来划分。渠道层次是指将物品从供应地向目的地转移过程中承担若干工作任务的每一层营销中间渠道。通常用中间机构的层次数目来表示渠道的长度。零层渠道中没有任何中间机构介入，由物流企业直接为客户提供物流服务。一层渠道中只包含了一个中间层，二层渠道中包含了两个中间层。一般来说，中间环节越少，渠道就越短；相反，中间环节越多，则渠道越长。通常把一层渠道定义为短渠道，而把多层渠道称为长渠道，如图5-5和5-6所示。从物流企业的角度来看，渠道层次越多，物流企业对渠道成员的控制越弱，物品的流动也越缓慢，利润也会被逐层分割。

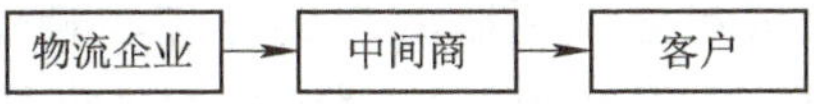

图5-5　短渠道

图5-6　长渠道

4. 宽渠道与窄渠道

按照渠道中每个层次使用中间商数量的多少，可分为宽渠道和窄渠道两种类型。如果选择较多的中间商来提供物流服务，那么就是宽渠道，意味着销售网点多，市场覆盖面大；少的为窄渠道，市场覆盖面相应较小或较少。通常，物流企业在为一些生产资料和少部分专业性强或高价值的物品提供物流服务时，适宜采用窄渠道。

三、物流产品分销渠道系统

不管采用何种分销渠道，物流企业要想在不同区域和目标市场完成分销业务，都需要独立拥有或合作形成具有管控能力的分销渠道系统。物流产品分销渠道系统是渠道成员采取不同程度的联合或一体化经营而形成的渠道网络系统，是物流运作一体化的产物。综观目前的物流产品分销渠道系统，大致有以下几种类型。

1. 垂直营销系统

垂直营销系统是指由物流企业与代理商组成一个统一渠道体系、这种系统能够更好地控制渠道成员的行为，有助于减少渠道冲突。同时渠道成员能够通过规模经济和减少重复服务而获得更多的效益。一般由具有相当实力的物流公司作为领导者，主要有公司型、管理型和合同型三种。

（1）公司型垂直营销系统是指一家物流企业拥有自己的渠道成员，并进行统一管理的渠道系统。这种系统一般通过产权纽带形成物流企业的分销网络，对渠道的控制力很强。多数大型物流公司使用总公司与分公司的形式，由总公司集权运作，对物流服务进行垂直管理。例如，中邮物流公司的分销渠道就是一种典型的公司型垂直营销系统，它在全国各地设立了许多分支机构，可以直接利用其邮政系统遍布城乡的网络优势，采用了配送加分销的模式来为客户提供服务，尤其在农村优势更为明显，利用下属遍布全国的五万多处邮政支局所，直接将农资产品分销到农户。

（2）管理型垂直营销系统是以某家物流企业的规模和实力来协调物流过程的各个环节而形成的渠道系统。该核心物流企业凭借其强大的实力、较高的管理水平和良好的声誉，赢得渠道成员的支持与合作，在整个物流服务过程中，核心物流企业综合协调货源的组织与运输，对渠道成员进行统一的管理。

（3）合同型垂直营销系统是由不同层次的独立的物流企业和中间商组成的，以合同形式为基础建立的联合经营形式，目的在于获得比其独立行动时能得到的更大的销售效果。在这一营销系统中，通过合同的方式来明确各自的分销权利与义务，规范各方的行为。这种渠道系统组建成本低，渠道成员之间明确各自的分工与合作，渠道调整具有一定的灵活性。在合同型垂直营销系统中，特许经营是一种重要而常见的类型。例如，日本7-EIEVEn采取特许经营的形式形成了庞大的零售网络，并向全球各地不断地扩张。

小知识

根据中国商务部的定义，特许经营是指通过签订合同，特许人将有权授予他人使用的商标、商号、经营模式等经营资源，授予被特许人使用；被特许人按照合同约定在统一经营体系下从事经营活动，并向特许人支付特许经营费。

2. 水平营销系统

水平营销系统是由两个或两个以上的物流企业联合，利用各自的资金、技术、运力、线路等优势功能共同开发和利用物流市场机会而形成的渠道系统。这些物流公司无力独自进行开发和承担商业风险；或者发现与其他物流公司联合可以产生巨大的协同作用。例如，汽车运输公司与铁路运输部门、航空运输联合形成的渠道系统就是水平营销系统。公司间的联合可以是暂时性的，也可以是永久性的，或创立一个专门的公司。

3. 网络化营销系统

网络化营销系统是垂直分销系统和水平分销系统的综合体。当某一企业物流系统的某个环节同时又是其他物流系统的组成部分时，以物流为联系的企业关系就会形成一个网络关系，即为物流网络。这是一个开放的系统，企业可以自由地加入或退出。物流网络能发挥规模经济作用的条件是物流运作的标准化、模块化。

4. 直接渠道系统

随着科学技术的发展，物流直接渠道系统的内容日益丰富，传统的直接营销是指上门推销，现在采用的主要有广告、电话直销、电视直销、邮购直销、网络直销、会议直销和会展等。尤其是互联网的商务化开发和普及，使物流企业进行网上销售，已经成为一种具有广阔发展前景的被称为直复营销的直销形态。

小知识

直复营销即直接回应的营销，它是以盈利为目标，通过个性化的沟通媒介向目标市场成员发布发盘信息，以寻求对方直接回应（问询或订购）的社会和管理过程。主要的方式有网络营销、数据库营销、直邮营销、电话营销和电视营销等。

四、影响物流产品分销渠道选择的因素

物流企业要建立分销渠道，需要花费大量的营销努力和投资，一旦建立，分销渠道对物流企业营销活动会产生一定的影响。如何全面考虑物流产品、市场和物流企业自身条件等因素是物流产品分销渠道的设计与管理的主要内容。

1. 物流产品因素

物流企业要进行渠道选择，既要考虑物流企业本身的运输线路、仓储能力，又要考虑所运送物品的性质，不同种类、不同品种、不同包装的产品以及在产品生命周期的不同阶段都需要给予不同的物流服务。物流企业要根据所运产品的特性来选择分销渠道，主要考虑以下几个方面：

（1）物品的大小和重量。体积大、质量重的物品一般应尽量选择最短的分销渠道，以保证物品安全、按期到达。如大型机电设备的运输等，可以使用窄而短的分销渠道。

（2）物品的耐腐性。物品是否会迅速腐烂、容易损坏，是一个在实体运输和储存中非常关键的问题。易腐、易损毁的物品应尽量缩短分销环节，迅速地把物品传递到顾客手中，如水果蔬菜等易变质的物品要求分销渠道较短。

（3）物流服务的标准化程度。一般来说，渠道的长度和宽度与物流服务的标准化程度成正比，标准化程度较高时可以选择较长的渠道。

（4）产品生命周期。产品在生命周期的不同阶段，对分销渠道的选择是有差别的。如新产品，为了较快地投入市场，占领市场，应采取直接渠道或原有渠道，而处于衰退期的产品就要压缩分销渠道。

（5）服务解决方案的技术性。技术性要求比较复杂、运作要求较高的物流服务产品，可以选择窄而短的分销渠道。

2. 市场因素

（1）目标市场分布。目标市场的分布是指市场规模的大小和潜在客户的地理分布状况。如果目标市场规模大且客户分布集中，则适宜选择直接渠道；若货主较为分散，则应该采用直接与间接渠道相结合，并充分利用间接渠道。例如，物流公司承担件杂货班轮运输，一般货主可高达几百甚至上千票，没有中间商的介入几乎是不可能的。但是对于某些特殊的运输任务，如中远集团为三峡工程所做的大宗货物、特殊货物运输，由于价值大、过程复杂、要求高，就应该直接服务，无须中间商的参与。

（2）目标客户的购买习惯。目标顾客的购买习惯直接影响到物流企业分销渠道的选择。货主往往根据自身托运货物的数量、地点等因素来选择物流企业。对于每次托运数量不大的一般性杂货，货主希望很方便地订舱，那么物流企业必须采用广泛的分销网络。对此，物流企业就应该选择间接渠道，使用更多的代理网点；反之，就可以选择直接渠道或相对较少的代理网点。

（3）需求季节性。由于物流需求的季节性，导致了物流服务也存在着淡旺季的情况。一般而言，当物流市场呈现淡季时，宜选择直接渠道；在旺季时，应较多地选择间接渠道。

（4）竞争状况。由于物流企业之间在运输线路与运输工具等方面具有一定的可替代性，所以市场竞争必然反应到分销渠道的选择上。在竞争激烈的情况下，物流企业应该尽量选用与竞争对手不同的渠道模式或创造出服务的差异化，以便在留住老顾客的同时吸引新顾客的加入。

3. 物流企业自身因素

物流企业自身因素是进行分销渠道决策的内部制约因素。物流企业的自身情况，如规模、信誉、财力、发展规划以及营销策略等，都会影响到营销策略的选择。

（1）物流企业的经营实力。经营实力包括物流企业的规模和财力状况。如果物流企业的规模较大并且财力雄厚，其选择销售渠道的余地就较大，可根据具体情况选择。相反，实力较弱的企业则适合选择间接渠道，依靠代理商的力量开拓市场。

（2）对分销渠道控制的愿望。如果物流企业希望有效地控制分销渠道，那么应该建立短而窄的渠道，基于这种愿望的实现，物流企业需花费更多的成本，组建自己的物流分销网络；如果企业不希望控制渠道，那么可以选择长而宽的分销渠道。

（3）营销能力与控制策略。如果物流企业现有的营销机构和人员配备较强，营销能力雄厚，则可以选择较短的营销渠道，否则就需要更多的中间商参与，渠道就会长些。

4. 宏观环境因素

宏观环境对选择渠道也有较大的影响。国家的经济发展状况、政策法规、国际惯例等都可能限制某些营销渠道的运作，如对运价的调整、产品检验的新规定、网点的设置、运输线路的布置等，都有很大的影响。

（1）政策规划。物流企业选择分销渠道必须符合国家有关政策和法令的规定，如烟草的专卖制度。

（2）经济收益。不同的分销途径经济收益的大小也是影响选择分销渠道的一个重要因素。对于经济收益的分析，主要考量的是成本、利润和销售三个方面的因素。

五、设计物流产品分销渠道

分销渠道的设计必须要全面考虑物流产品、客户、厂商控制渠道的愿望与能力以及竞争等影响因素。有效的渠道设计应以物流企业的目标市场为起点。事实上，市场选择与渠道选择是高度相关的，有利的市场加上有利的渠道安排，才能使企业获得利润。

1. 确定渠道长度

物流企业选择分销渠道，必须综合分析本企业的战略目标、营销组合策略以及其他影响因素。渠道模式的选择主要是指物流企业需不需要中间商的参与，也就是选择长渠道还是窄渠道。如果需要，如何来选择和确定。若不需要，就直接面对客户进行营销活动。如此可见，确定渠道模式就是确定渠道长度问题，而且要求选择的分销渠道效率要高，费用少，能够取得最佳的经济效益。

2. 选择中间商

选择中间商实际上是两个问题：一个是中间商的数量；另一个是中间商应该具备的条件。确定中间商的数目，就是决定渠道的宽度。物流企业在选择中间商时，要考虑每一个分销环节中应该选择多少个中间商，这就要根据所提供的物流产品、市场容量和需求面的宽窄来决定，可考虑选择以下三种策略。

（1）密集性分销策略，也称为广泛分销策略，是物流企业使用尽可能多的中间商来完成物流服务，是一种宽渠道分销策略，虽然方便客户，但渠道成本较高，物流企业与中间商的关系相对松散。

（2）选择性分销策略。选择性分销策略是物流企业精心挑选一些中间商从事某一区域的分销活动，这是多数物流企业选择的分销策略。采用此种策略有助于对渠道的控制，保持与中间商的良好合作关系，提高渠道运转效率。但是中间商也会对物流企业提出一定的要求和条件。

（3）独家分销策略，也称为集中性分销策略，是指物流企业在某一地区只选择一家最合适的中间商为本企业推销物流产品，是一种窄渠道分销策略。双方一般都签订合同，规定在特定的区域内不准许物流企业再找其他中间商推销其产品，也不准许所选定的中间商再推销其他企业的同类竞争性产品。其优点是有利于提高分销商的积极性和销售效率；缺点是物流企业在该地区过分依赖中间商，易受其支配，一般不宜选择此种分销策略。

物流企业对中间商的选择应考虑以下条件：一是中间商的市场范围。这是选择中间商的关键因素，中间商的经营范围应该与物流企业的服务内容基本一致，能够协助物流企业在目标市场开展营销活动。二是中间商的实力。资金雄厚、财务状况良好、声誉口碑好的中间商有利于形成联合力量。否则，不利于物流产品的有效传递，更会增加经营风险。三是中间商对物流产品的熟悉程度。中间商对产品越熟悉，就越容易把产品介绍给顾客，从而提高物流产品的市场占有率。

3. 明确权利与义务

物流企业通过某种形式与渠道成员建立双方合作关系，必然要明确规定相互之间的权利与义务。

（1）价格政策。物流企业通常根据制定出的价目表和折扣明细表，对不同类型的中间商按其任务的完成情况，按标准给予一定的价格折扣或优惠。例如，海运企业给代理商代理订舱数量一定比例的订舱佣金，如2.5%、4.25%等。

（2）中间商地区权利。物流企业要明确中间商的地区权利，一般情况下，中间商关心在同一地区或相邻地区物流企业所选用的中间商的数量。物流企业应该为中间商提供更多的方便，如提供各种信息。

（3）销售条件。付款条件是销售条件中重要的组成部分，对于提前付款或按时付款的中间商，物流企业可以根据付款时间给予不同的折扣。如在航运界除付款放单外，基本是规定在船舶开航一个月内或代理商收到航运企业运费账单后若干天、一个月内支付运费。

（4）双方的权利与责任。物流企业与中间商应该在合作领域的更多方面明确双方的权利与责任，如业务范围、责任划分、人员培训、信息沟通和广告宣传等。

4. 分销渠道评估

物流企业要确定最优的分销渠道，必须对可供选择的渠道方案进行评估，根据评估结果来选择对企业长远目标有利的渠道设计。分销渠道方案的评估标准一般有以下三个。

（1）经济性标准。主要是考虑各渠道的销量与成本的关系。首先是比较物流企业直接推销与使用代理商这两种方式中哪种方式的销售额水平更高。其次是比较直接销售所花费的成本与使用代理商所花费的成本哪种更高。物流企业对上述情况进行权衡，从中选出最佳分销方式。

（2）可控性标准。一般情况是物流企业直接销售的可控性大，采用中间商的可控性比较小，分销渠道长可控难度大，渠道短可控容易，物流企业要结合自身的条件与物流产品的特点进行全面比较、权衡，选择最优方案。

（3）适应性标准。物流企业与中间商的合作要考虑灵活性与适应性的问题。一般来说，对于实力雄厚，销售能力强，而且已经建立起信任的中间商来说，可以签订较长的合同。如果中间商的实力不强，销售业绩不是很突出，物流企业不仅不能与其签订长期合同，而且应该保留在某些情况下终止与其合作的权利。

能力培养与训练

实训活动一：物流产品分销渠道情景模拟

【活动目的】

通过分销渠道的情景模拟，目的是让学生深刻认知物流产品分销渠道设计在营销中的重要性，特别是面对激烈竞争条件下，如何在营销渠道上作出相应的调整具有重要意义。同时锻炼与培养学生利用专业知识分析问题的能力和语言组织与表达的能力。

【活动组织】

根据班级人数将学生分成若干实训小组，每组选一名组长，负责模拟实训活动的开展。

【活动步骤】

1. 精心地准备分销渠道的知识和相关资料。

2. 以小组为单位，分角色进行演练，注意结合相关的情景与知识要求。
3. 各角色轮流扮演，力争让每位同学都有机会得到角色锻炼，充分调动学生的积极性。
4. 由学生组成评审团，评定分析情景过程，让学生得到更多的锻炼。
5. 教师作出点评分析，总结模拟的收获。

【活动资料】

在教师的指导下，分组展开讨论分析，然后推选代表进行角色扮演，在课堂上模拟物流企业分销活动的全过程。模拟内容如下。

某物流公司召开中层以上管理人员会议，会议由总经理主持，经营副总经理作中心发言。

总经理：同志们！我公司目前正面临一场严峻的挑战。半个月前，我公司附近又有一个新的物流公司开业，抢夺了我们的大量生意。另外，近半年多来，本地区小物流公司越来越活跃，已经成为我公司原有市场的“蚕食者”，这次会议只研究应变对策，现在请公司主管的副总先谈谈自己的意见。

副总经理：________

【考核要求】

实训活动的考核主要以小组为单位来进行，考核的主要内容有小组成员的参与协作情况、角色扮演是否得当、理论知识的运用是否自如、问题分析的深度与广度等。根据各小组的表现，评选出优秀小组和最佳发言人。最后将实训活动的相关材料归档。

实训活动二：某物流企业的分销渠道布局

【活动目的】

通过学习分销渠道的基础知识，在深刻认识物流产品分销渠道设计的前提下。根据给出的案例材料，认读阅读并回答相关问题，目的是培养学生利用学过的专业知识分析问题的能力和语言表达能力。

【活动组织】

根据班级人数将学生分成若干实训小组，每组选一名组长，负责小组的案例分析活动。表5-6是实训小组成员及分工情况，要认真填写此表以备存档验收。

表5-6　实训小组成员及分工情况

组别：　　　　　　　　　　　　　　　　　　　　　　　实训时间：

组长		成员	
发言人		记录人	
发言纪要			
教师点评			

【活动步骤】

1. 教师介绍本实训活动的内容、要求及注意事项。
2. 整体阅读并分成小组分析讨论案例材料。
3. 现场发言交流，教师点评。
4. 教师总结。

【活动资料】

请分析案例材料并回答下列问题。

“点、线、面”是分销渠道布局的普遍方法。某物流公司的国际战略正是这一方法应用的实例。其国际战略思想是：先在海外市场建立营业据点并用线把据点连成渠道，最后围成一定的势力范围，并逐渐使之充实扩大。具体分为以下三个阶段。

第一阶段：从公司成立到20世纪50年代初期。其经营的重点是向海外扩展营业据点。该公司以美国的母公司为中心，向欧洲扩展营业据点，确立未来海外经营的基地。

第二阶段：从20世纪50年代初期至20世纪70年代中期，该公司致力于将海外的分散型据点连成线，形成地域性经营渠道，实现规模经济。具体表现是：已经壮大的海外经营企业一律分设独立的海外子公司，如日本的子公司、法国的子公司等。公司的总部成立了世界贸易公司，统一管理海外资产。这一时期，该公司的竞争战略选择了海外市场渗透战略，也就是本土化。在各地的子公司的基础上逐渐伸展，形成了互为依托的经营渠道。利用规模经济的优势，以定价策略为利器，击败了当地的竞争对手。

第三阶段：从20世纪70年代中期至今，该公司开始实施国际化战略的展开时期，将地域性战略连成片，构成全球性的经营网络。以国际贸易公司为中心的该公司的世界战略以当地的高度融合战略为基础，从全球观点出发，向当地传递世界情报，形成世界市场的统一战略。该公司还对组织机构进行调整，划分出美洲圈、欧洲圈、亚洲圈三个部分。同时，为了保持企业活力，该公司积极推动分权化改革。

该公司在向世界性企业成长的过程中，正是通过建点、连线和布面三个阶段，实现了在地区化经营基础上的全球统一战略。

问题：1．该公司分销渠道的特点是什么？

2．该公司选择了什么样的分销渠道系统？

3．该公司是如何进行分销渠道设计与管理的？

【考核要求】

实训活动的考核主要以小组为单位来进行，考核的主要内容有小组成员的参与协作情况、发言材料的准备情况、语言表达情况、分析问题与理论知识的结合程度、发言效果等。根据各小组的表现，评选出优秀小组和最佳发言人。最后将实训活动的相关材料归档。

实训评价

被考评人			考评时间		考评地点		
考评内容							
考评指标		考评标准	分值/分	组内评价/分	组间评议/分	实际得分/分	
专业知识技能掌握	分销渠道的理解	掌握	10				
	分销渠道模式的把握	理解	20				
	分销渠道系统的认知	掌握	10				
	理论知识的运用程度	实训活动完成情况	20				
通用能力培养	出勤情况	按时到岗，学习准备就绪	10				
	道德自律	遵守纪律，有责任心	10				
	学习态度	积极主动，勇于探索	10				
	团队精神	融入团队，分工合作	10				
合　计			100				

注：1. 被考评人是实训活动的发言人。
2. 考评内容是实训活动的项目。
3. 实际得分=组内评价×40%+组间评议×60%。
4. 考评满分为100分，59分及以下为不及格；60～74分为及格；75～84分为良好；85分及以上为优秀。
5. 考核材料存档。

模块四　确定物流产品促销方案

模块描述

物流企业在设计和选择了产品分销渠道之后，如何利用分销渠道的优势向顾客传递有关信息，吸引顾客来选择或购买企业的物流服务呢？尤其是在面对市场竞争日趋激烈的今天，产品促销已经成为物流企业最为关注的问题。那么，什么是物流产品促销？物流产品促销有哪些基本的策略，每一策略又有哪些特点？本模块将围绕这些基本问题系统地介绍有关物流产品促销的基本知识，并培养学生在促销策略使用上的基本技能。

模块目标

技能学习目标

1. 通过案例分析与相关材料学习，培养把握促销及相关概念的能力。
2. 能够通过促销技能的锻炼，提升学生的自主学习能力。

素质提升目标

1. 在案例分析的过程中学会理论知识的应用，培养理论联系实际的素质。
2. 在实训活动过程中要注意培养团队合作的意识。

情景导入

宝供物流集团是国内第一家注册成立的物流企业集团，为了在物流业激烈的竞争中占得先机，宝供做了大量的社会性工作，如与北京工商大学合作，每年召开一次“物流技术与管理发展高级研讨会”；设立面向物流领域的公益性“宝供物流奖励基金”；每年出资100万元用于奖励对中国物流业发展做出贡献的团体和个人等。通过这些活动，宝供对自身进行了良好的促销和宣传。

思考：

1．除了上述促销活动外，宝供物流还可以利用哪些促销手段?

2．结合案例，谈谈你对物流产品促销活动的认识。

知识储备

物流产品促销是指物流企业通过人员和非人员的方式，把物流企业所提供的一切有用的信息，如物流产品的内容、方式、特色、价位等，传递给物流客户，以激发物流客户的购买欲望，影响和促进物流客户购买物流产品的全部活动的总称。物流企业的促销活动主要起着沟通信息、刺激需求、突出特色和稳定销售的作用，其目标在于通过有效的沟通、说服和提醒等方法，销售物流产品，提高本企业在物流服务市场上的占有率。

小知识

促销组合是一个物流企业的总体营销传播计划，它是物流企业根据自己的业务特点和营销目标，综合多种影响因素，对各种促销方式的选择、组合和运用。物流企业常用的促销方式主要有人员销售、广告、营业推广和公共关系等。促销组合是促销策略的前提，在促销组合的基础上，才能制定出相应的促销策略。

一、物流广告策略

1．物流广告的含义

广告是借助一定的宣传媒体将企业产品或服务信息传递给消费者或用户的一种促销方式，相对人员促销，广告的宣传面广、渗透力强，通过精心设计，可以使企业产品或服务、价值观与企业文化深入消费者心中。目前，物流企业也逐渐开始使用广告。物流广告是物流企业通过各种传播媒介，以付费的形式将本企业的产品和服务等信息传递给客户，是非人员的推销方式。物流企业广告主要起着传递信息、促进销售、介绍产品、引导消费；树立形象、提高企业知名度的作用。

小知识

2004年1月11日，中国第一家专业的物流广告策略企业成立，标志着在以后的市场运作中分工会越来越细，物流企业广告将更加专业。鹰派物流广告策划有限公司是一家独具特色的广告传播硬件服务商，服务领域涵盖物流企业形象、品牌管理及网络品牌，提供与物流相关的园区规划、企业形象设计、广告设计、培训与咨询、物流解决方案等专业化服务，目前该公司已拥有许多长期合作的客户。

2. 物流广告策略的步骤

（1）确定广告目标。广告目标的概念可以在多种角度或层次意义上使用，而不同角度或层次意义上的广告目标并不相同。这里所说的广告目标，是指广告在一定时期内的产品促销中所期望达到的目的。广告目标可以划分为三种，即告知性广告目标、说服性广告目标和提示性广告目标。

1）告知性广告目标，即通过广告使客户了解物流企业及产品的有关信息。主要适用于：让客户了解物流新产品已经投放市场；向客户介绍某种新产品的新用途；介绍物流企业的产品价格调整情况；介绍物流企业提供服务的具体内容；消除客户购买物流产品的后顾之忧，提高物流企业的形象和知名度。

2）说服性广告目标，即通过广告使客户偏爱和购买物流企业的产品，大多数广告目标属于此类。在这一类广告之中，往往把某一产品与其他同类产品进行隐晦性比较，或突出地介绍某一产品的特色，以显示出该产品的优势，使客户对某一品牌产品形成选择性需求及偏好。此类广告目标更适合于产品生命周期的成长期和成熟期阶段，或适用于同类产品竞争较为激烈的时期。

3）提示性广告目标，即通过广告提醒客户采取某种行为。它适用于以下几种情况：当产品处于成熟期时，企业通过反复做广告，使客户经常想到本企业的产品；提醒客户在不久的将来需要某种产品；提示客户购买某种产品的地点等。

（2）选择广告媒体。一般来说，物流企业在物流营销活动中可以选择的广告媒体主要有印刷媒体、电子媒体、邮寄媒体等。其中，报纸、杂志、广播、电视是常见的四大广告媒体。近年来，互联网在物流广告促销中的作用日益突出，已经成为重要的物流广告媒体。广告媒体的选择一般要考虑的因素较多，主要有目标顾客的媒体习惯；物流产品的性质和特点；媒体的传播范围及影响力和媒体的成本等因素。

（3）决定广告预算。物流产品的广告预算是物流企业根据物流产品广告计划在一定时间内对开展广告活动费用的估算，是物流企业进行广告宣传活动投入资金的使用计划。目前，确定广告预算的方法主要有四种：一是根据物流企业本身经济方面的承受能力来预算；二是参照竞争对手的广告投入来确定本企业的预算水平；三是按照企业的销售额提取一定的比例作为广告费用；四是按每次做广告要实现的目标进行预算。

（4）确定广告信息。广告刺激效果以及促销效果在很大程度上取决于广告信息质量。广告信息决策包括广告信息构思、广告信息评价和广告信息表达这三个先后衔接的环节。广告信息构思就是确定广告的主题。广告的主题要鲜明，要与消费者的需求相吻合。

（5）评价广告效果。对广告效果的评估就是对广告播出后的沟通效果和销售效果进行评价。衡量广告的沟通效果可以通过预先调查、同期调查和事后调查来进行。衡量广告销售效果可以选择将过去的销售量与过去的广告开支进行对比，或者通过实验来进行。

二、物流人员推销策略

1. 物流人员推销的含义

人员推销又称为人员推广，是指物流产品销售人员以谈判的方式向物流客户做口头说明，以达到销售的目的，从而满足物流客户的愿望，进而实现物流企业营销目标的一种直接销售方法。对于物流服务来说，人员推销具有沟通的双向性、促销的灵活性、沟通活动的针对性、推销过程的情感性和获得信息的及时性等特点。物流人员推销的任务主要包括寻找客户、传递信息、推销产品、提供服务、收集信息和分配产品六个方面。

小知识

物流企业在进行人员销售时，要按照一定的步骤进行才能取得预期的效果。通常人员推销的过程包括寻找并识别目标客户、接触前准备、约见客户、推销洽谈并应付异议、成交、事后跟踪。

2. 物流人员推销策略和程序

（1）推销策略。在物流企业推销活动中，一般可以采取以下三种策略。

1）试探性策略，又称为“刺激—反应”策略，推销人员在尚未了解到顾客具体要求的情况下，事先准备好几套话题，进行渗透性交谈。通过试探刺激，观察顾客的反应，然后展开针对性的宣传、说服工作，以激发顾客的购买行为。这种策略在上门推销和电话推销物流产品时效果较好。

2）针对性策略，又称为“配方—成交”策略，是指推销人员在基本了解了客户的某些需求的前提下，有针对性地与客户一起讨论其业务项目，然后再详细地向客户介绍本企业的物流服务产品，以引起客户的兴趣和好感，从而达到成交的目的。

3）诱导性策略，又称为“诱导—满足”策略，这种策略是通过推销员与客户的交流，使得客户了解到自己的真正需求，并希望满足这些需求。推销员要站在客户的立场上推销本企业的物流服务，使客户真正感到推销员成为他们的参谋，从而较为顺利地达成交易。这是一种创造性的推销，要求推销员要有较高的推销艺术。

（2）推销程序。在面对顾客进行物流产品推销时，一般要遵循符合顾客购买过程的介绍程序，即唤起注意、引起兴趣、激发愿望和导致行动。在实施过程中，有些步骤可以合并或很难区分清楚。

1）唤起注意，是进行介绍的前提和基础。为了引起客户的注意，一是要对客户有事先的了解，二是销售人员要有创造性。如对于经常拜访的老顾客，每次都应有新的招数，避免同一套路重复使用；或者运用自己掌握的可靠信息，向顾客有选择地讲述竞争者的目的，往往会收到较好的效果。

2）引起兴趣。引起兴趣一般要花费较长的时间，最好的办法就是引导和启发客户，有针对性地展开介绍。另外，展示样品、进行示范也是很有效的。

3）激发愿望。激发愿望要充分了解客户的需要和态度，并能够充分证明产品确实符合客户的需要。物流企业为其他客户提供良好的服务情况，常常能激发客户的购买愿望。

4）导致行动。这是产品介绍的关键一步，经验证明丢失生意的常见原因之一就是销售人员根本就没有要求客户订货，最好的办法就是直接问客户什么时候需要提供物流服务，客户可以不用直接回答“要”或“不要”而直接跳入行动阶段。

三、物流营业推广策略

1. 物流营业推广的含义

营业推广也称为销售促进，物流企业营业推广是指物流企业在特定目标市场中，为了迅速刺激消费需求和鼓励购买而采取的非经常发生的各种促销形式。营业推广在物流服务过程的各个阶段都是有效的，可以用来引起消费者注意、产生兴趣、诱发欲望、刺激购买。现在，营业推广被称为现代营销的开路先锋、销售的推进器。

广告策略和公共关系策略的运用，都具有持续性和常规性的特征，而营业推广则是用于特定时期、特定商品的推销。它的作用主要体现在四个方面：可以缩短物流新产品进入市场的时间；刺激潜在需求变为现实需求，促进购买决策的形成；刺激顾客进行大批量购买，加速资金周转；提高商业信誉，扩大市场占有率。

小知识

营业推广历来被各国视为促销利器。如今美国每年印刷的折扣券数量足以绕地球50周。营业推广虽然促销效果显著，但是具有短期性、辅助性和时机性三个特点。短期性是指只要能选择合理的营业推广方式，很快就会收到明显的增销效果，但是不能持久使用，必须变换方式。辅助性是指营业推广一般不单独使用，常常配合其他促销方式。时机性是指企业在开展营业推广时，要注意选择恰当的时机，若频繁使用会引起顾客对产品质量、价格产生怀疑

2. 实施物流营业推广策略的步骤

（1）建立营业推广目标。根据营业推广的对象不同，其目标可以分为三类：一是针对最终物流用户的营业推广。可以鼓励原有的用户继续使用物流产品，促进物流新用户使用，引导用户改变购买习惯，或者培养物流用户对本企业产品的偏爱等。二是针对物流产品中间商的营业推广。目的是鼓励中间商大量购买，吸引其扩大经营，或者促使中间商代理新的物流产品。三是针对推销人员的营业推广。鼓励推销人员的推销热情，或者促使他们积极开拓新市场。

（2）选择营业推广方式。营业推广的方式比较多，可以有如下分类：一是针对最终物流用户的营业推广方式，具体包括降价、增加数量、发放赠品、免费尝试等；二是针对物流产品中间商的营业推广方式，具体包括现金奖励、增加佣金、赠品、提供销售点设施、共同广告等；三是针对推销人员的营业推广方式，主要包括有奖销售、比例分成、销售竞赛、免费提供人员培训和技术指导等。

（3）设计营业推广方案。

1）确定营业推广规模。物流企业准备投入营业推广费用的多少意味着营业推广活动规模的大小。企业要考虑成本与收益的关系来确定规模的大小。

2）明确营业推广的对象。也就是明确促销是针对哪类消费者。

3）营业推广时间的确定。营业推广执行的时间、地点和持续时间，这些因素如果选择得当，就更能取得预期的效果。

4）营业推广的实施。一些方式能得到即刻的好处，如让客户用更少的钱买到同样的服务，或者是用同样的价格获得更高价值或更多的服务。当然，在这些方式的选择中，要考虑的不只是客户的喜好，还有营业推广的目的以及物流企业的成本与费用。

四、物流公共关系策略

1. 物流企业公共关系含义

物流企业公共关系是指物流企业为了改善与社会公众的关系，促进公众对物流企业的认识、理解和支持，达到树立良好组织形象、提高物流企业的知名度和美誉度、促进物流产品销售为目的的一系列促销活动。它是企业与社会公众之间进行联系、沟通和交往的过程。具有三方面的作用：建立物流企业信誉，维护企业良好形象；交往沟通、协调关系；咨询建议、为物流企业决策提供参考。

由于物流活动涉及面广、环节多，如发货人、收货人、货代、订舱、报关、商检、运输、储存、装卸搬运、分拣、流通加工、信息处理等，所以，物流企业做好公共关系十分必要。而且，物流企业对新闻事件、出版物、社交活动及相关公关手段的创造性运用，能够为物流企业提供一条区别于竞争对手的有利途径。

小知识

公共关系具有三个要素：社会组织、传播沟通、公众。社会组织是公共关系的发起者，是公共关系的主体，没有社会组织就没有公共关系；传播沟通是公共关系活动的手段和媒体，没有传播也就没有公共关系；公众是公共关系的对象，没有对象一样也就没有公共关系。在这三个要素中，社会组织具有主导性，传播具有效能性，公众具有权威性。协调好三要素之间的关系，是开展公共关系活动的基础。

2. 实施物流企业公共关系策略的步骤

实施物流企业公共关系策略的步骤有以下四个方面：确定公共关系目标、选择公共关系的内容与方法、实施公共关系计划、评估公共关系效果。

（1）确立公共关系目标。首先重要的是树立知晓度，就是利用媒体吸引人们对某些物流产品、人员、组织或构思的注意力。其次是树立可信度，主要是通过社会性的报道增强可信度。第三是刺激销售队伍和经销商，在新产品投放市场之前以公关宣传的方式进行披露，能够帮助他们将产品推销给客户。第四就是降低促销成本，日常公共关系做得越好的物流企业，促销的费用就会越少，也更能深入人心。

（2）选择公共关系内容与方法。一是创造和利用新闻。物流企业公关部门可以编写有关物流企业或产品的新闻，创造机会吸引新闻界公众的注意，扩大影响面，提高知名度。二是举行演讲会或报告会。事先通过各种渠道搜集问题，以求针对性更强。三是开展有意义的特别活动。举行有关物流产品和技术展示会和研讨会，举办开幕式和闭幕式，采用多种媒体展示，引起公众的注意。四是编写书面和音像宣传材料。如编制物流公司的年度报告、业务通信和期刊、录像带、幻灯片等，这些材料会在不同程度上影响目标市场。五是建立企业统一标志体系（CIS）。为了在公众心目中创造独特的企业形象和较高的认知率，物流企业可以通过周密的策划和设计，确定一个统一的标志体系。主要包括三个层面，即理念标识、行为标识和视觉标识。设计和实施企业的统一标识体系，既是管理过程，也是一种公关宣传手段，需要全面规划和持续的投入。六是参与和赞助各种社会公益活动，例如，物流企业赞助希望工程、赞助体育事业等能够获得广泛的赞誉和对品牌的认同。

小知识

CIS（Corporate Identity System，企业识别系统）是一种改善企业形象的经营技法，指企业有意识，有计划地将自己企业的各种特征向社会公众主动地展示与传播，使公众在市场环境中对某一个特定的企业有一个标准化、差别化的印象和认识，以便更好地识别并留下良好的印象。

（3）实施公共关系计划。公共关系计划的实施有可能会遇到各种困难，如报纸杂志拒绝刊登已经撰写好的公关公告等，所以，一个好的公关媒体应该清楚新闻机构需要有趣味性和时效性的材料，要和编辑及记者建立良好的关系。

（4）评估公共关系效果。由于公共关系常与其他促销工具一起使用，其效果很难单独衡量，有效公关最常用的衡量方法有：展露度；知名度、理解和态度方面的变化；销售额和利润贡献。

能力培养与训练

实训活动一：联邦快递的促销策略

【活动目的】

通过对联邦快递促销策略的分析，深刻领会促销策略的作用与意义，同时掌握广告、营业推广、公关及人员推销的区别，锻炼同学们利用理论知识分析实践材料的能力。

【活动组织】

根据班级人数将学生分成若干实训小组，每组选一名组长，负责小组的案例分析活动。表5-7是实训小组成员及分工情况，要认真填写此表以备存档验收。

表5-7　实训小组成员及分工情况

组别：　　　　　　　　　　　　　　　　　　实训时间：

组长		成员	
发言人		记录人	
发言纪要			
教师点评			

【活动步骤】

1. 教师介绍本实训活动的内容、要求及注意事项。
2. 整体阅读并分成小组分析讨论案例材料。
3. 现场发言交流，教师点评。
4. 教师总结。

【活动资料】

请分析下面的案例材料并思考下列问题。

全球快递业巨头FedEx（联邦快递公司）仅用25年的时间，从零起步，在UPS（联合包裹服务公司）和美国运通公司等同行巨头的前后夹击下迅速成长壮大起来，成为在小件包裹速递、普通速递、非整车运输、集装箱调运管理系统等领域占据大量市场份额的行业领袖，并跃入世界500强的行列。

近几年来，FedEx的竞争力主要体现在互联网上构建的智能化运输管理系统。对于物流企业客户，FedEx的智能系统能与客户企业网实现无缝连接，或通过Web页面直接介入到客户物资运输系统中去。这样的结果是，任何公司都可以直接将FedEx庞大的空运阵容和陆地车队当做自己的运输资源；而且FedEx的智能系统还能告诉他们，一切最快并非一切最佳，明智的运输方案是各种待运物资在运抵目的地总体等待时间最短或最实时的解决方案。

对于个人用户，FedEx的网站的规范化作业流程能使他们更为方便地进行自我服务，可以接发订单、提交运输作业、包裹跟踪、搜集信息和生成账单等。在FedEx主页上最引以为豪的服务案例是其在母亲节这一天中为成千上万的家庭送上充满人情味的“FedEx之盒”。因为这是全美各餐馆最繁忙的一天，但许多家庭却因临时找不到餐馆空位而驻足久等，或在一家一家的餐馆门徘徊。FedEx就与全球最大的一家餐馆调查公司联手，运用其智能系统，根据各餐馆的座位、距离、家庭人数等情况编排出应该去哪家餐馆使用哪个座位的计划，将其连同公司祝福一起放在那个著名的小盒中递送到千家万户，真正体现了礼轻情义重的服务宗旨。

问题：1．什么是促销策略？物流企业可以使用的促销策略有哪些？

2．在本案例中FedEx使用的是哪一种促销策略？是如何做的？

3．联系FedEx的具体情况，分析促销策略在物流营销中的意义。

【考核要求】

实训活动的考核主要以小组为单位来进行，考核的主要内容有小组成员的参与协作情况、发言材料的准备情况、语言表达情况、分析问题与理论知识的结合程度、发言效果等。根据各小组的表现，评选出优秀小组和最佳发言人。最后将实训活动的相关材料归档。

实训活动二：物流企业广告任务实施

【活动目的】

通过对物流企业广告任务的实施，增强学生物流促销的实践体验，培养学习兴趣，激发学习热情。

【活动组织】

将班级同学分成若干小组，要求每组都选择至少两个广告媒体，并结合真实的物流服务产品，研究促销广告的实施步骤及具体的做法，并对所选择的的广告媒体的优缺点进行分析。

【活动步骤】

1. 提出任务。假设一家物流公司，为了拓展业务范围，新近开展了许多物流服务，但是不知道如何通过广告促销方式进行产品宣称。假设你是该公司的营销专员，负责广告的实施任务。

2. 小组研究。结合物流广告的基本理论知识，具体研究物流产品广告的实施步骤及具体做法，并在小组内取得一致意见。

3. 广告方案制作。每一小组根据选定的物流产品，结合设定的潜在的客户，制作物流企业广告实施的方案。

4. 组间交流。每一小组选择一代表进行汇报发言。

5. 评价与建议。由教师组织同学共同对汇报的情况作出客观评价，并指出存在的问题和可以改进的地方。

【注意事项】

为了更好地完成实践题目，教师在现场交流前最好给予细心指导。鼓励学生用电子邮件与教师进行沟通，现场交流时可以制作演示文稿。

【考核要求】

任课教师根据学生查找材料的来源、选择材料的质量、分析材料的情况等综合评价实践的整体效果，就存在的问题与不足给出解决的措施。最后将实训活动的相关材料归档。

实训评价

被考评人			考评时间		考评地点	
考评内容						
考评指标		考评标准	分值/分	组内评价/分	组间评议/分	实际得分/分
专业知识技能掌握	物流广告的理解	掌握	10			
	人员推销的把握	理解	20			
	物流推广的认知	掌握	10			
	理论知识的运用程度	实训活动完成情况	20			
通用能力培养	出勤情况	按时到岗，学习准备就绪	10			
	道德自律	遵守纪律，有责任心	10			
	学习态度	积极主动，勇于探索	10			
	团队精神	融入团队，分工合作	10			
合　　计			100			

注：1．被考评人是实训活动的发言人。
2．考评内容是实训活动的项目。
3．实际得分=组内评价×40%+组间评议×60%。
4．考评满分为100分，59分及以下为不及格；60～74分为及格；75～84分为良好；85分及以上为优秀。
5．考核材料存档。

单元内容

第六单元　实施物流企业营销

物流营销的计划、组织、控制是物流企业营销管理的重要内容，也是物流企业实施其市场营销的保证。通过本单元的学习，熟悉物流企业营销组织结构，学会编制物流企业营销计划，并能够利用各种控制手段对物流企业的营销活动进行有效控制。

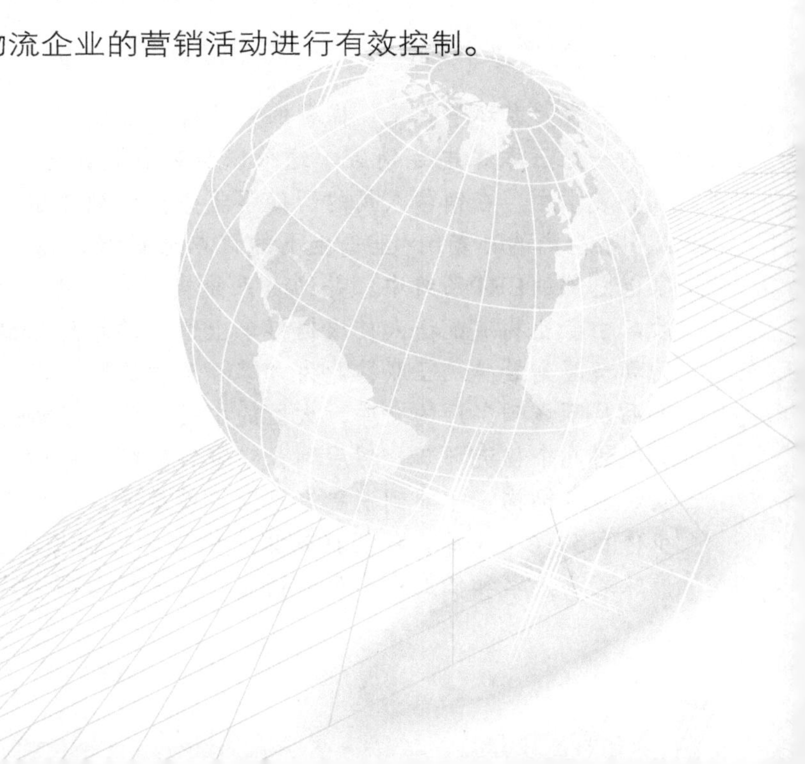

模块一 浅识物流营销计划

模块描述

营销人员作为企业目标与创造效益的基层执行者，年复一年地背负着不断增长的销售目标，关注着自己的销售与回款，关心着自己的销售增长率、月度考核、季度奖金等诸多敏感而又棘手的问题。这些是需要扎扎实实地干出来的，它依托什么呢？那就是“计划与执行”。对于物流企业而言，物流营销计划的制订与实施是其开展物流营销活动的前提和基础。那么，物流营销计划将如何制订和实施呢？本模块将着力解决这两个问题。

模块目标

技能学习目标

1. 通过案例分析与相关材料学习，培养把握物流营销计划及相关知识点的能力。
2. 学会运用计划编制的流程和方法制订物流企业营销计划。
3. 能够通过多种方式收集物流营销管理案例，提升分析问题和解决问题的能力。

素质提升目标

1. 在案例分析的过程中学会运用相关知识，努力做到理论与实际相结合。
2. 在实训活动过程中要注意培养团队合作意识和独立解决问题的能力。

情景导入

三联“零环节物流”描摹的是这样一幅图画：王先生想买冰箱，于是他来到居所附近的一家三联家电连锁店，这个以陈列各类家电产品为主要功能的连锁店更像现在的汽车展示厅，在销售人员的帮助下王先生大致了解了各种品牌冰箱的性价比，打算购买A厂家生产的冰箱b。王先生下的订单通过这家连锁店的信息采集系统迅速传送到三联家电总部的ERP系统中，并通过系统接口自动传达到厂家的信息系统。冰箱b生产完成后，由专业物流配送人员根据订单上留下的地址送到王先生家。这个过程中物流所涉及的环节减到最少，三联称此为“零环节物流”。与之相比，传统的物流过程是复杂的，产品从下线到工厂的仓库、大区的中转仓库、各地分公司的仓库，甚至在供应商内部还要经过几个物流环节，然后到分销零售的配送中心、再到门店的仓库，可能还要再经过安装服务机构，才能到消费者家门。就是说，一件产品从下线到最终售出的过程中，至少停留5～6个仓库，经历10次以上的装卸，而每次装卸的费用都超过1元。“零环节”意味着高效率和低成本，三联物流中心总经理高金玲说，在成本方面，三联物流的费用率可以达到0.5%。而国内百货业的费用率通常为3%～40%不等。高金玲认为，三联物流的费用率水平将是最先进的。

思考：

1．你认为三联“零环节物流”是如何实现的？

2．结合案例，谈谈你对物流企业营销计划的感性认识。

知识储备

在企业管理实践中，计划是其他管理职能的前提和基础，并且还渗透到其他管理职能之中，它是管理过程的中心环节。因此，计划在管理活动中具有特殊重要的地位和作用。对于物流企业而言，物流营销计划的制订与实施是实现企业目标的基石，这就要求制订计划要科学、合理、具有操作性和延续性。在落实过程中，要严格执行计划，确保计划的顺利实施。

一、物流营销计划的制订

1．物流营销计划的含义

物流营销计划是物流企业对未来一定时期营销目标所制定的一系列安排和打算，体现了物流企业未来要达到的目标和如何达到这些目标。它是物流企业以顾客需求为导向，在对企业内外营销环境分析的基础上，对企业营销的任务、目标以及实现目标的方案、重点和措施作出总体、长远的计划。企业营销计划包括目标和实现目标的手段两方面。计划必须从企业总体经营的战略高度来编制，目标的实现有赖于一系列计划的制订与实施。物流市场营销计划是物流企业总体计划的一个组成部分，它在企业各项计划的制订和执行过程中起着十分重要的作用。

小知识

物流企业营销计划的一般原则和要求是：贯彻落实企业发展战略；遵循市场规律，循序渐进；组建具备良好“内在品质”的营销计划机构。只有按照上述原则和要求去编制企业营销计划，才能制订出科学、合理、可操作性强的计划。

2．物流企业营销计划的内容及其构成要素

物流企业营销计划同其他行业企业的营销计划大体一致，可分为物流营销战略计划和物流营销作业计划两种。前者是由企业的高层及主要部门制订的，侧重于物流企业的基本方向、市场目标及达成这些目标的重大行动和方案，计划期应在五年以上；后者即由物流营销部门负责编制，计划期为半年至一年，侧重于比较具体的工作目标、营销策划、财务预算和各自的资源利用情况。

（1）物流营销战略计划。一般来说，物流营销战略计划包括以下几方面内容：

1）时间期限。战略计划是企业的长期计划，年限一般比较长。

2）环境分析。包括物流市场发展趋势、技术发展、竞争者的发展状况等，特别要分析市场环境中的机遇和威胁。

3）公司本身分析。包括人才结构、产品结构、资本结构和市场竞争力等，特别要分析企业自身的优势和劣势。

4）拟订目标。行之有效的目标是以市场为导向的，具有必要的方针措施。

5）制定具体战略。包括公司增长战略、产品战略和市场战略等。

（2）物流营销作业计划。

物流营销作业计划是实现战略计划的具体步骤，主要内容包括以下几个方面。

1）计划概要。计划书一开始便应对作业计划的主要目标及执行方法和措施进行扼要的概述，要求高度概括，用词准确，表达充分。这部分内容的主要目的是让高层主管很快掌握计划的核心内容，并据以检查、初步评价计划的优劣。

2）当前市场营销状况。营销状况是正式计划中的首要部分。这一部分主要是提供有关市场、产品、竞争、分销以及宏观环境方面的背景资料。内容包括市场形势、产品状况、竞争状况、分销状况和宏观环境形势。

3）威胁与机会。要求营销管理人员对物流产品的威胁和机会作出预测，并加以具体描述。这样做的目的是使企业管理人员可预见到那些影响企业兴衰的重大事态的发展变化，以便采取相应的营销手段或策略，求得企业更顺畅地发展。为此，营销管理人员应该尽可能地列出能够想象到的市场机会和威胁，以便加以分析和检验，并考虑采取哪些具体行动。

4）营销目标。在分析了物流产品的威胁和机会之后，接着应该确定企业的目标，并对影响这些目标的某些问题加以考虑和论证。对于已经确定的企业目标，还要进一步用具体的指标表现出来，一般包括财务目标和营销目标的指标化。

5）营销策略。营销策略就是物流企业为达到营销目标所采用的市场营销策略，主要包括目标市场、营销因素组合、营销费用等各种具体策略。

6）行动方案。营销战略为实现营销目标指明了需要运用的主要营销策略，而营销策略还必须转化成具体的行动方案。一个行动方案主要包括：将要完成什么任务，什么时候去完成，由谁负责完成，完成这些任务的成本是多少。以上问题的每项活动都需要列出详细的行动方案，以便于执行和检查，使行动方案循序渐进地执行。

7）预计损益表。这部分内容主要是说明计划所预期的财务收支情况。其中，收入方要列出预计销售服务的数量和平均价格；支出方则要列出物流费用、储运费用及其他营销费用。收支间的差额为预计的利润（或亏损）部分。企业的高层主管将核查预算，并予以评价和修正。预算一经批准，便成为制订计划、人员招聘和营销业务活动的依据。

8）控制。计划的最后一部分为控制，以此来监督检查整个计划的执行情况。所以目标和预算都应该按月或季度分别制订。这样，企业高层主管就可以审查每一个时期企业各部门的成绩，并及时发现未完成目标的业务，督促未完成任务的部门改进工作，确保营销计划的实现。

小知识

营销计划是企业的战术计划，营销战略对企业而言是“做正确的事”，而营销计划则是“正确地做事”。在企业的实际经营过程中，营销计划往往碰到无法有效执行的情况，一种情况是营销战略不正确，营销计划只能是“雪上加霜”，加速企业的衰败；另一种情况则是营销计划无法贯彻落实，不能将营销战略转化为有效的战术。

3. 物流营销计划的编制流程

物流营销计划的编制流程如图6-1所示。

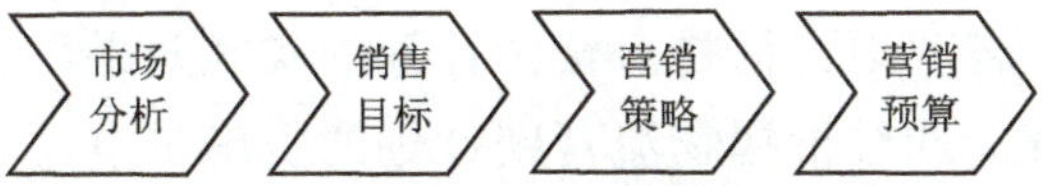

图6-1　物流营销计划的编制流程

（1）市场分析。市场分析是物流营销计划制订的依据，即对过去一段时间市场形势及市场现状的综合分析，其主要工具是SWOT分析法。通过SWOT分析，深入分析企业的优势、劣势、竞争威胁与机会，从中了解市场竞争的格局及态势。同时，结合企业的缺陷和机会，整合优化资源配置。

（2）销售目标。销售目标是一切营销工作的出发点和落脚点。因此，科学、合理的销售目标的确定是营销计划的最重要和最核心的部分。

（3）营销策略。营销策略是营销战略的战术分解，是顺利实现企业销售目标的有力保障。在编制物流营销计划这一阶段，应把产品、价格、渠道和促销这些一般性策略具体结合物流企业的特定情况加以考虑，并使其具体化。

（4）营销预算。营销预算是物流企业综合预算的重要内容，是企业投入市场营销活动的资金使用计划。它包括营销期内企业从事营销活动所需要的经费总额、使用范围和使用方法，是企业行动方案能否顺利实施的保障。物流企业如何科学地编制营销预算，是物流企业营销计划的重要内容。影响营销预算的因素主要有服务产品因素、竞争因素、策略因素和其他不可控制的因素等。在预算编制的过程中主要涉及固定费用和变动费用两个方面。编制营销预算不仅要分析影响因素，还必须采取正确的方法。营销预算的编制方法主要有销售百分比法、竞争均势法和目标任务法。

小知识

在营销计划的制订过程中，常见的错误有：一是忽视对营销现状的分析，只重视营销目标的构建和营销组合方案的制订。二是营销主管往往把整体的计划内容装在自己的脑子里，不重视书面文件的形成，在不同的阶段容易提出不同的要求。三是对制订营销计划的过程过于苛求或过于草率，从而容易给公司的经营带来问题。四是公司的管理层更愿意指定营销目标，而不让执行人员参与目标制订的过程。五是营销部门往往把营销计划看成是营销部门内部的事，不重视相关职能部门的重要作用。六是薪酬设计没有与公司的核心指标利益连接起来，从而降低了营销计划的有效性。

二、物流营销计划的执行

物流营销计划一旦制订出来，就要积极执行，合理控制，努力实现计划目标。物流营销计划的实施过程中，主要应做好营销计划的目标管理和执行过程管理两项工作。

1. 物流营销计划的目标管理

目标管理一方面可以客观地评估物流营销计划的实施效果，另一方面可以有效地控制物流营销计划的执行过程。通过把握物流营销计划的实施重点，并把目标管理与分解的物流营销计划一一匹配，从而达到控制整个物流营销计划实施的目的。

（1）目标的分类管理。就是把物流营销计划的目标进行分类，大致可以划分为硬性目标和软性目标。硬性目标相对容易衡量，包括销售量、市场占有率、费用、利润等。其中，有的反映过程，如费用；有的反映结果，如市场占有率。良好的分类管理关键在于对各类目标进行综合平衡，不能顾此失彼。软性目标相对定性化，如物流企业的管理制度、客户关系、市场秩序、信息分析等，这些目标是达成硬性目标的保障，对其起到规范和完善的作用。

（2）目标的绩效管理。目标的绩效管理可以划分为过程性和结果性两类。对目标过程的绩效管理，就是把衡量绩效的重点与过程联系起来，分析哪些因素影响硬性目标的实现，软性目标存在哪些问题，尽力查找问题产生的原因。对目标结果的绩效考核，就是把衡量绩效的重点与结果联系起来，判断营销目标的完成程度。主要考核硬性目标是否达到计划，分析是否需要改进硬性目标和完善软性目标。

（3）目标的细分管理。目标的细分管理有分阶段目标管理、分时期目标管理、分项目目标管理和分产品目标管理。分阶段目标管理是根据物流营销计划的阶段分解实施过程，按阶段设置相应的营销目标进行管理；分时期目标管理是将营销计划目标分解到不同的时期来完成，在每个时期设置相应的标准，规定完成的进度，并根据这些标准和进度进行管理和评估；分项目目标管理是指设置一些项目类型，如市场占有率、推广项目等，将每类项目的完成状况进行分类统计，分析项目完成的比例是否合理，是否满足营销计划的要求。分产品目标管理是对物流服务产品实行类别目标管理，分析不同类别的产品为物流企业带来利益的情况。

2. 物流营销计划执行的过程管理

（1）物流营销计划过程管理。主要包括销售报表、销售工作程序、销售会议和销售培训等。销售报表可以反映物流营销计划执行过程的详细情况，分析销售人员存在的问题，了解营销目标的实现情况，控制营销计划的实施进度。销售工作程序是正确执行物流营销计划的保证，规范销售人员需要按照规定的程序开展营销工作。销售会议可以实现物流企业管理层与一线销售人员的双向沟通，及时发现问题，提高应变能力。销售培训可以激励销售队伍，提高销售技能，灌输最新的营销理念和服务方式。

（2）执行过程评估。执行过程评估包括目标评估、过程评估、推广效果评估和竞争对比评估等。目标评估是对物流营销计划执行过程的综合目标、硬性目标和软性目标的完成程度进行评估，掌握计划的实施进度。过程评估是对销售人员的工作方式和效率进行评估，为销售人员提供销售指导。推广效果评估是对实际执行过程中销售人员在战术和技巧方面进行评估，分析如何在更大的范围内进行有效推广宣传，以引起顾客的注意。竞争对手评估是对竞争对手的营销工作进行评估，目的是进一步提高营销计划效果。

小知识

营销计划执行涉及相互联系的四项内容：一是制定行动方案。明确计划的关键性环节、措施和任务，责任分配到个人或团队，还应包括具体时间表。二是调整组织结构。根据战略、营销计划的需要，适时改变完善组织结构。三是形成规章制度。保证计划落到实处，设计相应的规章制度，明确计划有关各个环节、岗位、人员的责、权、利等。四是协调各种关系。行动方案、组织结构、规章制度等必须协调一致，相互配合。

能力培养与训练

实训活动一：物流营销计划书的识读

【活动目的】

通过查找相关物流企业的营销计划书或相关资料，认知物流营销计划的具体内容，增强学生物流营销管理的实践体验，培养学习兴趣，激发学习热情。

【活动组织】

根据班级人数将学生分成若干实训小组，每组选一名组长，负责小组的实训活动，具体分工情况参照表6-1来完成，也可以在此基础上根据实训的内容做适当的完善，要求认真填写以备存档验收。

表6-1 实训小组成员及分工情况

组别：　　　　　　　　　　　　　　　　　　实训时间：

组长		成员	
发言人		记录人	
发言纪要			
教师点评			

【活动步骤】

1. 任务下达。要求学生在一周时间内通过网络、报纸、期刊等媒体，搜寻你认为是物流营销计划的资料，并利用本学习任务的理论知识分析材料里涉及的具体内容，然后在小组内进行讨论。

2. 研讨物流营销计划书的具体内容构成。

3. 总结物流营销计划书的撰写步骤与技巧。

3. 现场交流。由每组选定的代表现场发言。

4. 教师评价。教师给出实训的评价。

【注意事项】

为了更好地完成实践活动，教师在现场交流前最好给予细心指导。鼓励学生用电子邮件与教师进行沟通，现场交流时可以制作演示文稿。

【考核要求】

任课教师根据学生查找材料的来源、选择材料的质量、分析材料的情况等综合评价实践的整体效果，就存在的问题与不足给出解决的措施。最后将实训活动的相关材料归档。

实训活动二：制订物流营销计划

【活动目的】

通过学习物流营销计划的相关知识，学生了解物流营销计划的制订与执行。根据给出的案例材料，要认真阅读，运用计划编制的流程和方法制订物流企业营销计划，并以组为单位进行阐述，培养学生对知识的运用能力和语言组织与表达能力。

【活动组织】

根据班级人数将学生分成若干实训小组，每组选一名组长，负责小组的案例分析活动，并组织组员制订相应的物流营销计划。表6-1是实训小组成员及分工情况，要认真填写此表以备存档验收。

【活动步骤】

1. 教师介绍本实训活动的内容、要求及注意事项。

2. 整体阅读并分成小组分析讨论案例材料，各组分别编制物流营销计划。

3. 现场发言交流，教师点评。

4. 教师总结。

【活动资料】

请阅读下面的案例材料并完成下列任务。

根据海尔集团（以下简称海尔）的数据显示，“通过BBP交易平台，海尔每月接到6 000多个销售订单，定制产品品种达7 000个，采购的物料品种达15 万种。新物流体系降低呆滞物资73.8%，库存占压资金减少67%。可以说，海尔集团的物流体系已经达到世界领先水平。正如海尔集团首席执行官张瑞敏在评价该物流中心时说：“在网络经济时代，一个现代企业如果没有现代物流就意味着没有物可流。对海尔来讲，物流不仅可以使我们实现三个零的目标，即零库存、零距离和零营运资本，更给了我们在市场竞争取胜的核心竞争力。”

据有关人士分析：进军电子商务、实施“网上直销”战略是家电行业面临激烈的市场竞争拓展利润空间的必由之路。因此，海尔顺应时代潮流建立了自己的网站，不仅涵盖了其产品，更突出了海尔优质的服务这一特点，“时刻把客户的需要和利益放在第一位”。在海尔的网上商店中，除了推荐的常规产品，还有产品定制，海尔承诺“只要是您能想到的，我们都能做到”。此外，海尔的网站上还设置了友情链接，包括知名的门户网站、网上商城等，大大方便了客户。

任务：结合上述案例，为海尔集团制订一个简单的与其网络营销相适应的物流配送营销计划，以期达到低成本、高效益，且能为顾客提供良好服务的目的。

【考核要求】

实训活动的考核主要以小组为单位来进行，考核的主要内容有小组成员的参与协作情况、发言材料的准备情况、语言表达情况、与理论知识的结合程度、发言效果等。根据各小组的表现，评选出优秀小组和最佳发言人。最后将实训活动的相关材料归档。

实训评价

被考评人			考评时间		考评地点	
考评内容						
考评指标		考评标准	分值/分	组内评价/分	组间评议/分	实际得分/分
专业知识技能掌握	物流营销计划的含义	理解	10			
	物流营销计划构成要素	掌握	15			
	物流营销计划制订流程	掌握	15			
	理论知识的运用程度	实训活动完成情况	20			
通用能力培养	出勤情况	按时到岗，学习准备就绪	10			
	道德自律	遵守纪律，有责任心	10			
	学习态度	积极主动，勇于探索	10			
	团队精神	融入团队，分工合作	10			
合　计			100			

注：1. 被考评人是实训活动的发言人。

2. 考评内容是实训活动的项目。

3. 实际得分=组内评价×40%+组间评议×60%。

4. 考评满分为100分，59分及以下为不及格；60～74分为及格；75～84分为良好；85分及以上为优秀。

5. 考核材料存档。

模块二　认知物流营销组织

模块描述

物流营销计划的制订与执行离不开有效的物流营销组织。对于不同的物流企业，都必须建立适合本企业的物流营销组织模式，那么，有哪些物流营销组织模式呢？建立营销组织需要遵循哪些原则呢？物流营销组织与其他各职能部门的关系如何处理呢？带着问题学习本模块的知识。

模块目标

技能学习目标

1. 能够深入理解物流营销组织建立的原则和影响因素。
2. 能够根据物流企业的实际情况选择或设计恰当的营销组织模式。
3. 能够有效处理物流企业营销部门与其他各职能部门的关系。

素质提升目标

1. 通过实地调研能力的锻炼，培养学生观察问题、分析问题的素质。
2. 通过实地调查或分析和讨论相关案例，培养学生理论分析与逻辑表达的素质。

情景导入

不来梅物流中心的组织形式与德国其他物流中心的组织形式不同，值得我国借鉴。不来梅物流中心现有52家物流企业，其中较大的企业有14家，由这些物流企业按资产组成物流中心股东大会，股东大会下设物流中心发展公司，发展公司共有3人，公司总经理由股东大会聘任，候选人一般是14家物流企业的经理，其他人员由发展公司聘用。发展公司负责物流中心的对外联系、招商，统一安排解决供电、供水、电话等公共的资源问题，负责中心内的加油、车辆维修、洗车，并解决食堂等后勤问题；发展公司的费用一方面来自会费，会费按企业的人数来计算；另一方面是从加油、车辆维修、食堂的服务中获得的一些盈利。发展公司不以盈利为目的，以服务为主。另外，物流中心还成立监事会，监事会由企业和政府等有关部门组成，包括若干家企业代表、有关专家，监事会负责监督股东大会。

不来梅州政府不干预物流中心的经营，物流中心的发展公司也不介入企业的经营活动，但从节约能源、充分利用资源出发进行协调，如25家企业合建汽车清洗车间、两家从事冷藏运输的企业共用一个冷冻库，提高冷库的利用率。

思考：

1．不来梅物流中心的组织形式有什么特点？

2．该组织形式对我国物流企业从事营销活动有什么借鉴意义？

知识储备

营销组织是物流企业营销管理人员的系统组合，是企业实现其经营目标的核心职能部门，是营销计划有效实施的重要保证。营销组织的模式和运行程序要适应市场环境的变化并进行适当的调整，在调整的过程中要注意企业自身所处的发展阶段、经营范围和业务的特点及宏观环境的影响。

一、物流企业营销组织模式

物流营销组织必须与其营销活动的五个方面相适应，因此，物流营销组织有以下五种具体模式。

1．职能式组织模式

职能式组织模式是指在市场营销部门内部分设不同的职能部门，如广告部、销售部、市场调研部等，不同职能部门分别承担不同的工作，市场营销副经理负责协调各专业职能部门的工作，此种模式的结构如图6-2所示。

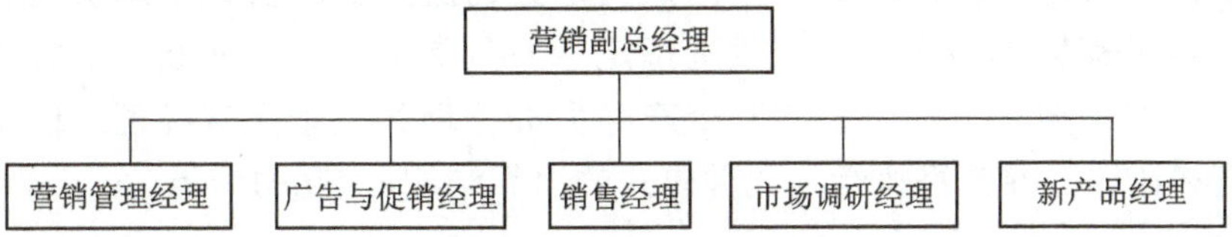

图6-2　职能式组织模式

除了图6-2中所列的职能之外，部门的设置可以随需要增减或合并。此种模式的主要优点是层次简化，分工明确，集中度高，简化行政管理。但是，随着产品的增多和市场的扩大，由于没有一个职能部门对某一种具体产品或市场负责，并且各职能部门都为获得更多的预算和更加有利的地位而竞争，致使营销副经理经常陷于难以调解的纠纷之中。此种模式比较适宜于物流企业只有一种或少数几种产品，或者企业产品市场营销方式大体相同的情况。

2．地区式组织模式

地区式组织模式是将销售人员按地域划分，层层负责，以大概小，这种形式比较适合物流企业。由于物流企业的网点较为分散，连接又较为紧密，需要一套自上而下的流畅机构。这种层层控制的模式可以有效地监督下级销售部门完成任务的情况。另外，这种模式可以因地制宜地发展，也可以和其他类型组织结合。此种模式的组织结构如图6-3所示。

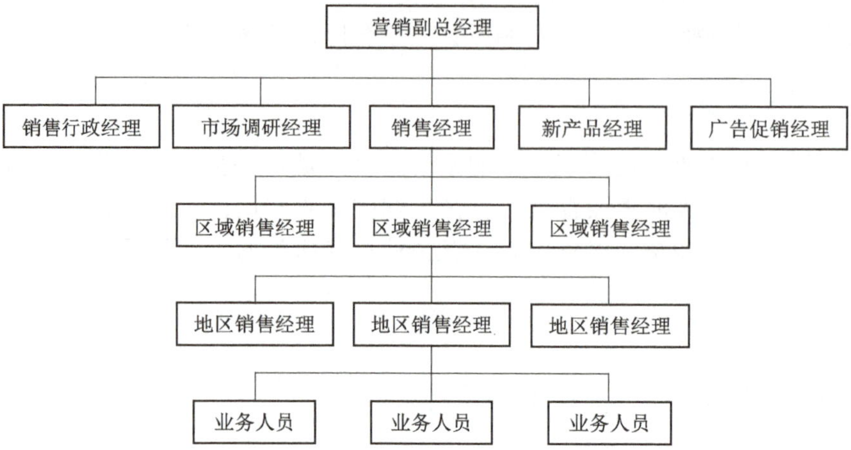

图6-3　地区式组织模式

此种模式具有考核方便，易于密切销售经理与当地业界的关系，同时结构简单、分工明确。但是也存在费用高、机构分散、各布点间不易协调的缺点，同时易于造成销售经理过于追求短期利益而影响企业整体计划的执行，并且所需人员过多，从而造成开支过大。此种模式比较适宜于市场地区比较分散和市场范围较广泛的物流企业。

3. 产品式组织模式

产品式组织模式是按物流产品或产品系列划分物流企业的营销组织机构。它适宜产品差异、品种、数量都较大的企业。一般是指定专人负责某项产品或某一品牌产品的综合营销活动。此种模式需要自上而下设立几个产品大类经理和几个品牌经理，但是需要制定切实可行的策略和计划，并监督执行，此种模式的组织结构如图6-4所示。

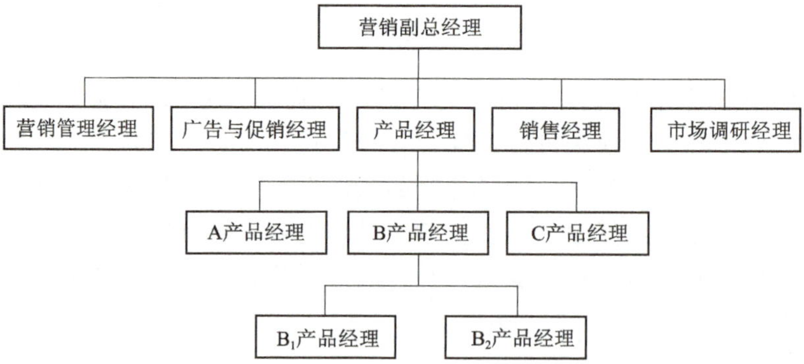

图6-4　产品式组织模式

产品式组织模式的优点：产品经理负责某种产品的全部营销工作，有助于协调各种市场营销职能，并对市场变化作出积极反应；由于有专门的产品经理，能够保证较小品牌产品不被忽视。此种模式的缺点：由于经理权力有限，必须依靠其他部门的合作，工作范围有限，不利于综合能力的提高。另外，费用高、连续性差也是此模式的不足之处。

小知识

产品式组织模式最早于1927年为美国一家化妆品公司所采用，以后许多厂商，尤其是食品、肥皂、化妆品和化学工业的厂商纷纷效法。例如，通用食品公司在其“邮寄部”就采取产品管理型组织，设了若干独立的产品线经理分别负责粮油、动物食品和饮料等；在粮油产品线中，又分设若干品种经理负责营养粮食、儿童加糖粮食、家庭用粮食和其他杂粮；营养粮食产品经理之下又辖若干品牌经理。

4. 市场式组织模式

市场式组织模式又称为顾客型组织模式，是指由专人负责管理不同市场的营销业务，物流企业可以按照产品的不同服务市场设置相应的营销机构。对于物流企业来说，市场式组织模式是比较适合的。其组织结构如图6-5所示。

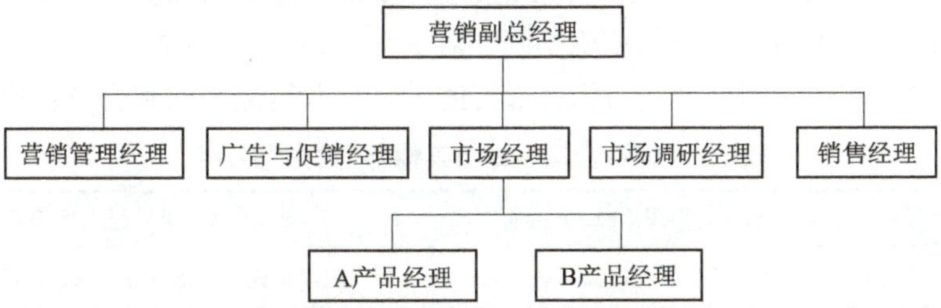

图6-5 市场式组织模式

市场式组织模式的优点是企业可以围绕特定顾客开展一体化的市场营销活动，从而更好地满足目标顾客的需要。当前发达国家许多企业都是按照顾客型结构建立市场营销组织。其缺点与产品式组织模式类似。此模式比较适宜于顾客种类较多或分销渠道差别较大的物流企业。

5. 事业部式组织模式

事业部式组织模式是指企业的部门按照产品（或服务）的类别来设置市场营销组织机构，多用于规模大、部门多的大企业。物流企业设立不同的事业部，各事业部再设置自己的职能部门和服务部门，建立自成体系的事业部营销组织机构，其职能也分散到各个事业部。采用此种组织形式，总公司应在营销控制上加以权衡。其组织结构如图6-6所示。

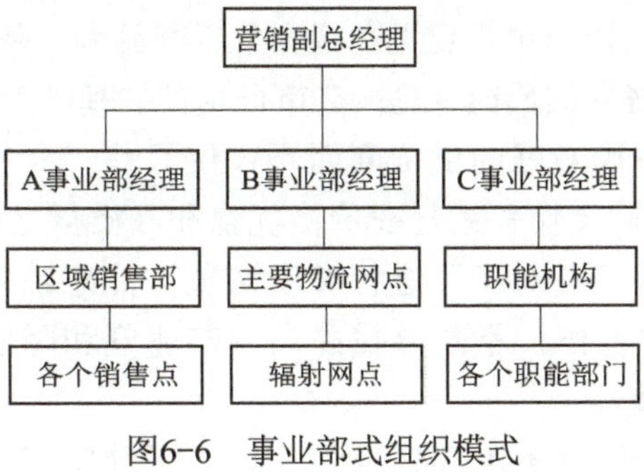

图6-6 事业部式组织模式

小知识

物流企业建立营销组织一般应遵循以下原则：一是整体协调和主导性原则。设置的市场营销机构能够对企业与外部环境，尤其是与市场、顾客之间关系的协调发挥积极作用；设置的市场营销机构能够与企业内部的其他机构相互协调，并能协调各个部门之间的关系。二是精简及适当的管理跨度与层次原则。“精简”就是因事设职、因职设人，人员要精干；内部层次不宜太多。三是有效性原则。营销组织的设置要达到运转灵活，善于寻找机会，高效运作的目标。

二、物流企业营销组织与其他部门的关系

对于物流企业而言，除了营销组织以外，还有其他诸如研究开发、工程技术、采购、制造、存货、财务以及相关的职能部门。因此，在企业运行过程中，物流营销组织必须处理好与各部门的相互关系，密切配合、共同协作来完成企业的总目标。但是，在实际工作过程中，由于各个部门所处的角度不同，扮演的角色不同，难免会存在一些分歧与矛盾，见表6-2。物流营销组织应本着协调一致的原则处理好与相关部门的关系，取得最大的整合营销价值。

表6-2　物流营销组织与其他部门的主要分歧

部　　门	本部门强调重点	营销组织强调重点
研发部门	基础研究；产品内在价值；产品功能形象	应用研究；产品外在价值；产品销售形象
工程设计部门	注重长期设计；很少的规格数量；标准化结构	注重短期设计；许多规格品种；根据客户要求设计
采购部门	很少产品种类；标准化零配件；材料价格；经济采购批量；较长间隔采购	广泛的产品系列；非标准化零部件；大批采购避免库存不足；根据客户需要采购
生产部门	长期生产单一品种；不改变产品式样；标准订单；产品结构简单；一般质量控制	短期内生产很多产品品种；经常改变产品式样；由顾客决定订单；符合审美观；严格质量控制
财务部门	按标准严格控制支出；硬预算；定价补偿成本	根据判断讨论决定支出；预算灵活以适应变化的需要；定价要适应市场开发
信贷部门	很低的投资风险；严格的借贷条款和手续；对客户进行全面财务审查	中等的投资风险；灵活的借贷条款和手续；对客户做中等的信用审查

要有效协调营销组织与其他部门之间关系，从长远来说应建立市场导向型企业文化。在市场导向型物流企业里，要求各职能部门具有如下意识。

（1）研发部门。请消费者开会并倾听意见；在每一个新项目的研究开发期间，欢迎市场营销部门、制造部门和其他部门提出中肯意见；视竞争者产品为“基准点”，寻求更好的产品；在项目进行中倾听、吸收消费者的反馈意见；在市场反馈的基础上不断完善和改进产品。

（2）采购部门。主动寻找最好的供货商而不仅仅只是“守株待购”；与少数值得信赖的高品质产品供货商建立长期合作关系；在价格优惠和高质量之间倾向于高质量。

（3）生产部门。邀请消费者对工厂进行参观游览；注意消费者如何使用企业产品；为满足已承诺的订单宁愿超时工作；不断寻找提高生产速度和降低生产成本的方法；不断提高产品质量并致力于无质量缺陷。

（4）后勤部门。建立提供服务的高标准和长期不懈地坚持这一标准；运作一个富有知

识且友善的消费者服务部门；负责回答消费者问题，处理报怨，并用一种令人满意的态度及时解决问题。

（5）财务部门。理解并支持市场营销费用支出以支持市场营销部门的长期市场营销计划；根据消费者的财务状况制订不同的财务标准；在消费者信用程度上很快作出决定；定期提供产品市场、地理区域的盈利能力报告；随时备有不同发票以满足消费者需要，并礼貌而迅速地回答消费者所提出的各种咨询问题。

（6）公关部门。宣传有利于企业的消息，控制损害企业形象消息的传播；充当企业内部的消费者和公众，并不断倡导更佳的企业市场营销战略与实践。

总之，建立一个市场营销导向的组织，目的不在于解决工作中出现的每个具体问题，而在于使企业的顾客得到满意的服务，要使全体工作人员，特别是各级管理人员懂得为顾客提供满意的服务是企业获得成功和立于不败之地的基础，并将其贯穿于实施企业市场营销战略的行动之中。

小知识

建设市场导向型企业文化的措施有：明确要求所有经理都成为市场导向型经理；建立强有力的市场营销队伍；寻求外部市场营销咨询人员的帮助；建立现代化的市场营销计划制度；强调完成战略总目标而不是各部门的具体目标；改变企业奖励制度；加强企业内部培训；建立年度市场营销评奖制度。

能力培养与训练

实训活动一：物流企业营销组织调研

【活动目的】

通过对物流企业营销组织的实地调研（或网络学习），使学生对物流企业营销组织有进一步的认识。特别是对所调研的物流企业营销组织模式的类型、影响因素、其与企业内部其他各部门的关系处理等方面要有较为深入的了解。

【活动组织】

根据班级人数将学生分成若干调研小组，每组选一名组长，负责小组的调研工作。表6-3是调研小组成员及分工情况，要认真填写此表以备存档验收。

表6-3　调研小组成员及分工情况

组别：　　　　　　　　　　　　　　　　　　调研时间：

组长		成员	
发言人		记录人	
发言纪要			
教师点评			

【活动步骤】

1. 教师提出调研活动的提纲、要求及注意事项。
2. 以小组为单位记录调研内容，并整理调研材料。
3. 小组同学对调研成果进行交流、讨论，撰写调研报告。
4. 同学交流，教师点评。
5. 提交调研相关材料。

【活动要求】

以小组为单位，根据调研的情况撰写调研报告，内容主要包括调研企业概况、物流营销组织结构、相关职能部门、各部门之间的协调关系。要求在2 000字以上，并提交备存。

【考核要求】

调研活动的考核主要以小组为单位来进行，考核的主要内容有小组成员的参与协作情况、调研报告准备情况、发现问题的程度、理论知识的应用情况、体会深度等。根据各小组的表现，评选出优秀小组和调研能手。最后将调研活动的相关材料归档。

实训活动二：关于物流企业营销组织的讨论

【活动目的】

通过对之前实地调查情况或搜集的相关案例的讨论，使学生认识到物流营销组织对企业、对物流营销计划的制订与执行等方面的重要性，也可以对某一物流企业在物流营销组织方面存在的问题进行探讨，寻求解决方案，同时培养学生的思辨能力。

【活动组织】

根据班级人数将学生分成若干讨论小组，每组选一名组长，负责小组的讨论活动，并根据具体情况填写表6-4，要求认真填写以备存档验收。

表6-4　实训小组成员及分工情况

组别：　　　　　　　　　　　　　　　　　　　　　　实训时间：

组长		成员	
发言人		记录人	
发言纪要			
教师点评			

【活动步骤】

1. 任务下达。要求学生在规定的时间内准备发言的材料，可以广泛地搜寻和查找相关的材料，也可以结合实地调查情况，并利用本学习任务的理论知识进行分析，然后在小组内进行讨论，并选定一名代表发言。

2. 现场交流。由每组选定的代表现场发言。

3. 教师评价。教师给出实训的评价。

【考核要求】

任课教师根据发言所持的观点、分析问题的深度等综合评价讨论的整体效果，就存在的问题与不足给出具体的意见，对表现好的学生和小组给予表扬。最后将讨论活动的相关材料归档。

实训评价

被考评人			考评时间		考评地点		
考评内容							
考评指标		考评标准	分值/分	组内评价/分	组间评议/分	实际得分/分	
专业知识技能掌握	物流企业营销组织模式	掌握	20				
	建立物流营销组织的原则	理解	10				
	建立物流营销组织模式的影响因素	掌握	10				
	理论知识的运用程度	实训活动完成情况	20				
通用能力培养	出勤情况	按时到岗，学习准备就绪	10				
	道德自律	遵守纪律，有责任心	10				
	学习态度	积极主动，勇于探索	10				
	团队精神	融入团队，分工合作	10				
合　计			100				

注：1. 被考评人是实训活动的发言人。
2. 考评内容是实训活动的项目。
3. 实际得分=组内评价×40%+组间评议×60%。
4. 考评满分为100分，59分及以下为不及格；60～74分为及格；75～84分为良好；85分及以上为优秀。
5. 考核材料存档。

模块三　实施物流营销控制

模块描述

物流营销计划的实施往往会因为各种原因不能与计划相一致，这就需要做好营销控制。物流营销控制有利于推进计划的顺利实施，从而达到既定的目标，也有助于及早发现问题和避免可能的事故，还有监督和激励作用。本模块主要介绍物流营销控制的方法、程序等内容，解决如何做好物流营销控制的问题。

模块目标

技能学习目标

1. 培养把握物流营销控制的方法、程序及相关知识的能力。
2. 结合具体的案例能够进行简单的物流营销控制。

素质提升目标

1. 在案例分析的过程中学会运用相关知识点，努力做到理实一体化。
2. 在实训活动过程中要注意培养团队合作的意识和独立解决问题的能力。

情景导入

为什么宅急送前10年保持了每年70%的增长速度？为什么老总常年在外、经理一出门半个多月，企业运转一切正常？因为宅急送不仅有正确的经营战略，更有强大的战略执行力与控制力。在企业运营的过程中，实施了目标责任状、平衡计分法、飞行播报等控制方式。早在2002年，宅急送总公司对子公司就下发目标责任状，包含工作收入、营业收入、净利润、投资回报、应收账款周转天数、净资产损失、曝光次数7项考核指标，各项指标都有相应的分值并直接与年终奖金挂钩。平衡计分法的宗旨是帮助企业的中高层就企业的使命、远景、长中短期目标和战略行动达成一致，使各职能部门管理人员更加明确自己在企业经营发展战略中的权责。飞行播报就是飞机起飞后所显示的飞行高度、舱内外温度等信息，并将这些信息适时反馈给中央控制室，宅急送各个部门就像一架飞机，各部门每月的工作计划就是飞行播报，什么时间完成什么事情，责任人是谁，完成状况如何都是十分明确的。

思考：

1．宅急送是通过什么方式进行经营控制的?

2．结合案例，谈谈你对物流企业营销控制的感性认识。

知识储备

控制是确保企业按照管理目标或预期目标运行的过程，是物流企业管理的重要职能之一。物流企业市场营销控制是通过检查与监督物流企业各级营销活动的实际过程，考查营销实际发生与计划之间的偏差、分析其中的原因、采取措施，以保证营销目标的实现。

一、物流企业营销控制的基本程序

物流企业进行营销控制的目的在于确保执行结果与计划目标相一致。物流营销控制过程从预订目标开始，建立营销计划实施的责任和组织保障，并及时修正营销计划的运行偏差，从而形成一套控制程序，基本程序如图6-7所示。

图6-7 物流企业营销控制程序

1. 确定控制对象

最常见的控制对象是销售收入、销售成本和销售利润，但是对市场调查、推销人员工作、消费者服务、新产品开发、广告等营销活动也应该通过控制加以评价。在确定控制内容时，管理者应当注意使控制成本小于控制活动所能带来的效益或可以避免的损失。

2. 设置控制目标

设置控制目标即确定所要达到的预期目标，这是将控制与计划链接起来的主要环节。

3. 选择衡量指标

企业的营销目标决定了它的控制衡量标准，如目标销售收入、利润率、市场占有率和销售增长率等。

4. 确定控制标准

确定控制标准是指以某种衡量指标来表示控制对象的预期活动范围或可接受的活动范围，即对控制标准加以定量化。

5. 比较实绩与标准

在将控制标准与实际结果进行比较时，需要决定比较的频率，也就是多长时间比较一次，这取决于控制对象是否经常变动。如果比较的结果是实绩与控制标准一致，则控制过程结束；如果不一致，就需要进行下一步骤。

6. 分析偏差原因

产生偏差可能有两种情况：一是实施过程中的问题，这种偏差比较容易分析；二是计划本身的问题，确认这种偏差容易出现差错。而这两种情况往往交织到一起，致使分析偏差的工作成为一大难点。要避免因缺乏对背景情况的了解，或未加适当的分析，而犯以偏概全的错误。

7. 提出改进措施

如果在制订计划时，还制订了应急计划，改进就能更快；在没有这类预订措施时，就必须根据实际情况迅速制订补救措施加以改进，或适当调整某些营销计划目标。

二、物流企业营销控制的方法

物流企业营销控制方法关系到控制工作的质量。根据控制的目的、侧重点和运用范围的不同，营销控制主要有年度计划控制、盈利性控制和效率控制三种。

1. 年度计划控制

年度计划控制是指为确保企业达到年度计划规定的销售额、利润及其他指标而进行的控制。也就是说，企业要在年度内采取控制步骤，检查实际绩效与计划之间是否有偏差，并采取改进措施，以确保市场营销计划的实现与完成，其过程如图6-8所示。其主要内容是对营业额、市场占有率、营销费用率、顾客满意度等进行控制。

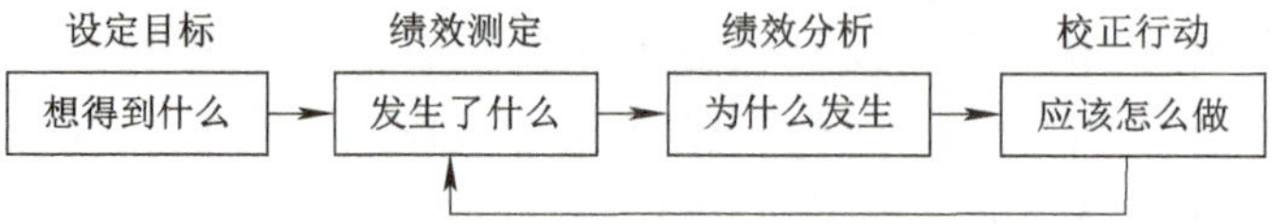

图6-8　年度计划控制过程

小知识

年度计划控制的主要目的在于：促使年度计划产生连续不断的推动力；控制的结果可以作为年终绩效评估的依据；发现企业潜在问题并及时予以妥善解决；高层管理人员可借此有效地监督各部门的工作。

（1）销售额分析。销售额分析主要是用来测定和评估实际销售额与目标销售额之间的关系，分为销售差距分析和个别分析。销售差距分析是测定不同因素对销售实际的相对作用；个别分析是分别从产品销售及其有关方面来考虑未能达到预期销售量的原因。

1）销售差距分析。

【例6-1】某公司年度计划规定：某种产品第一季度出售4 000件，单价1美元，总销售额为4 000美元。季度末实际售出3 000件，且售价降为0.8美元，总销售额为2 400美元，比计划销售额少40%，差异1 600美元。原因是售价下降和销售额减少，但两者对总销售额的影响程度是不同的。计算如下：

售价下降造成的影响为

$$(1-0.8)\times 3\,000=600\text{（美元）}$$

$$600\div 1\,600\times 100\%=37.5\%$$

销售减少造成的影响为

$$(4\,000-3\,000)\times 1=1\,000\text{（美元）}$$

$$1\,000\div 1\,600\times 100\%=62.5\%$$

由此可见，约有2/3的销售差异是归因于未能实现预期的销售数量。由于销售数量通常较价格容易控制，企业应该分析不能达到预期销售量的原因。

2）个别分析。

【例6-2】假设企业在A、B、C三个地区销售，其预期销售额分别为1 500美元、500美元和2000美元，总额为4 000美元。实际销售分别为1 400美元、525美元、1 075美元。就预期销售额而言，A地区有7%的未完成额；B地区有5%的超出额；C地区有46%的未完成额。可见，主要问题显然出现在C地区。

造成C地区绩效不佳的原因有如下：一是该地区的销售代表工作努力或力度不够；二是

有主要竞争者进入该地区；三是该地区居民收入下降。找出问题后，就要采取相应措施，以加强对该地区市场营销工作的管理。

（2）市场占有率分析。通过市场占有率可以考察出企业在竞争中的经营业绩。如果企业的市场占有率升高，表明它优于竞争者的经营；反之，则说明相对于竞争者而言其绩效可能要差一些。市场占有率有三种度量指标，即总体市场占有率、可达市场占有率和相对市场占有率。

（3）营销费用率分析。年度计划控制要求在保证实现企业营销目标的同时，费用不能超支。营销费用率主要有五种比率：营销人员费用与营业额之比；广告费用与营业额之比；促销费用与营业额之比；市场调查费用与营业额之比；销售管理费用与营业额之比。这些比率通常会有一些波动。但是，当波动超过正常范围时，企业要加以关注，查找问题的原因。对各项营销费用率的波动可以运用控制图进行追踪。

【例6-3】某企业广告费用率通常在8%～16%之间波动，但在第15期上，这一比率超过了控制上限，如图6-9所示。

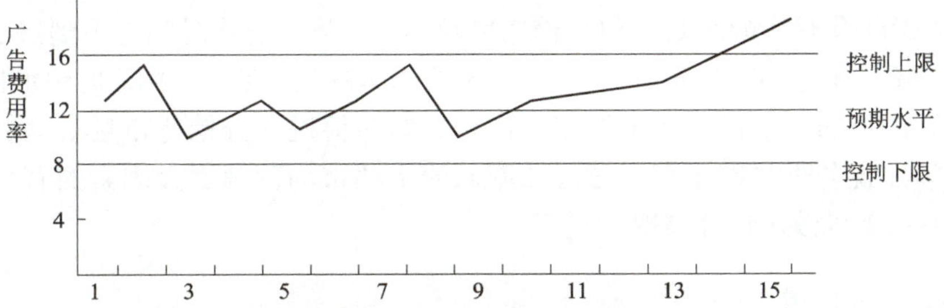

图6-9　广告费用率控制图

如图6-9所示，第15期广告费用支出突破常规，原因不外乎两种：一是控制依然正常，只是偶然事件；二是支出失控，应该进一步寻找原因。问题在于从第9期开始，广告费用支出逐步上升，企业需要找出根本原因。

（4）客户满意度分析。客户满意度分析属于营销控制的手段之一，主要是采取服务质量典型调查、定期的客户走访、收集客户的意见和建议等方式来进行，通过客户的信息反馈来评价物流企业营销绩效和服务水平。在这一过程中，一旦发现客户态度发生变化，物流企业就需要积极采取行动。

2. 盈利性控制

盈利性控制就是通过对财务报表和数据的一系列处理，把所获利润分摊到诸如产品、地区、渠道、顾客等各个因素上面，从而衡量每个因素对企业最终盈利的贡献大小和盈利水平。这种分析将帮助企业决定哪些产品或市场应该扩张，哪些应该缩减以致放弃，从而极具实用价值。

3. 效率控制

效率控制是指物流企业使用一系列指标对营销各方面的工作进行日常监督和检查，包括销售人员效率、广告效率、促销效率、分销效率等。

（1）销售人员效率。物流企业各地区销售经理要记录本地区内销售人员效率的如下指标：每个销售人员每天平均销售访问次数；每次会晤的平均访问时间；每次销售访问的平均收益；每次销售访问的平均费用；每次访问的招待费用；每百次销售访问与订购的百分比；每期的新顾客数；每期丧失的顾客数；销售成本对总销售额的百分比。

（2）广告效率。物流企业应做好如下统计：每一媒体类型、工具接触每千名购买者所花费的广告费用；顾客对每一媒体工具注意、联想和阅读的百分比；顾客对广告内容和效果的意见；广告前后对产品态度的衡量；受广告刺激而引起的询问次数。企业高层管理可以采取若干步骤来改进广告效率，包括进行更加有效的产品定位；确定广告目标；利用计算机来指导广告媒体的选择；寻找合适的媒体；进行广告后效果测定等。

（3）促销效率。为了改善销售促进的效率，企业管理层应该对每一销售促进的费用和对销售影响作记录，注意做好如下统计：由于优惠而销售的百分比；每一销售额的陈列费用；赠券收回的百分比；因示范而引起询问的次数。企业还应观察不同销售促进手段的效果，并使用最有效果的促销手段。

（4）分销效率。分销效率主要是对企业存货水平、仓库位置及运输方式进行分析和改进，以达到最佳配置并寻找最佳运输方式和途径。销售现场中一个常见的现象是由于销售人员的努力，产品销售量大幅增长，但分销速度跟不上，导致交货时间得不到保证，销售急增转化为销售下降，进而影响企业信誉。企业需要认识其瓶颈在哪里，并及时追加投资。

效率控制的目的在于提高人员推销、广告、销售促进和分销等市场活动的效率，市场营销经理必须注视若干关键比率，这些比率表明上述市场营销组合因素的有效性以及应该如何采取某些措施以改进执行情况。

能力培养与训练

实训活动：实施营销控制

【活动目的】

认真阅读给出的案例材料，深刻体会营销控制的重要意义，并以组为单位进行分析，培养学生对知识的运用能力和语言组织与表达能力。

【活动组织】

根据班级人数将学生分成若干实训小组，每组选一名组长，负责小组的案例分析活动，并组织组员进行讨论。表6-5是实训小组成员及分工情况，要认真填写此表以备存档验收。

表6-5　实训小组成员及分工情况

组别：　　　　　　　　　　　　　　　　　　　　实训时间：

组长		成员	
发言人		记录人	
发言纪要			
教师点评			

【活动步骤】

1. 教师介绍本实训活动的内容、要求及注意事项。
2. 整体阅读并分成小组分析讨论案例材料，体会其对营销活动的控制。
3. 现场发言交流，教师点评。
4. 教师总结。

【活动资料】

阅读案例材料并完成下列任务。

像华为公司这样一个机构庞大、人员众多的企业，如果没有有效的管理来保证各部门的办事效率，那么将会造成极大的资源浪费。因此，华为公司从高层开始，对效率的控制就极为严格，力求通过各方面效率的提升，达到最终的持续发展。

1．销售人员效率

任何时候，销售人员都是一线市场最核心的要素。华为要求各地区销售经理要定期记录本地区内销售人员每天平均的销售访问次数、每次会晤的平均访问时间、平均收益、平均成本、每百次销售访问而订购的百分比、销售成本对总销售额的百分比等。之后把这些数据进行对比，帮助销售人员找出制约其提高业务量的问题所在，制定相应措施提高效率。华为的销售人员除了在培训时打下了扎实的业务功底以外，还有一个提高工作效率、实现自我管理的法宝，即填写工作日志。

（1）工作日志的内容。市场部的销售人员每天工作结束前都要填写一次工作日志，在工作日志中必须详细记录当天的目标是什么、完成的情况如何、完成任务的心得体会；如果没有完成既定目标，要仔细分析找出原因，等等。

（2）工作日志的作用。

1）让员工目标明确。工作日志实质上是将员工的工作目标细化、具体化，将一个长远的目标细化到了每一天、每一个工作阶段，甚至是每个小时，明确每天、每个工作阶段的工作任务。填写工作日志会使工作更有针对性、目标更明确，有利于员工加强自我管理。

2）使新员工迅速成长。华为的销售人员大部分都是刚出校门没多久的大学生，基本没有什么销售经验，而通过写工作日志，员工们能很快掌握到工作中的种种问题。这种做法能使新员工很快的融入市场，迅速获得提高。

3）增进部属间的交流。在华为，后方的主管领导可以通过工作日志随时了解在市场第一线员工的工作状态，评估工作成效。透过工作日志，领导还可以清晰地看到员工的成长轨迹，在员工欠缺的方面给予具体的帮助和指导。

2．广告效率

虽然华为到目前为止除了在专业性的刊物上进行宣传以外，几乎拒绝任何形式的广告。但是不可否认，在华为转轨走向国际化的发展道路之后，越来越体会到企业品牌的重要性，因此在对待广告的态度上也有了一定的转变。华为每投资一个广告，宣传部都会对广告成本、顾客对广告内容和效果的意见等作出统计。根据收集到的数据，宣传部门会有计划地改进广告投资方式，提高效率。改进方式包括：对产品进行更加有效的定位，确定一个近期内的广告目标，利用计算机的程序测算来指导广告媒体的选择，寻找较佳的媒体以及进行广告后效果测定等。

3．促销效率

对于像华为这样生产大型通信设备的厂商而言，促销的手段相对会显得比较单一。为了改善销售促进的效率，销售人员在运用促销的时候，对每一个销售促进的成本和对销售影响都要做一个详细的记录，记录内容主要包括：由于优惠而增加（减少）销售的百分比、每一销售额的成本、因示范而引起询问的次数等。华为的销售人员还应观察不同销售促进手段的效果，并使用最有效果的促销手段。

问题：结合上述案例，体会华为的销售控制，谈谈自己的感想。

【考核要求】

实训活动的考核主要以小组为单位来进行，考核的主要内容有小组成员的参与协作情况、发言材料的准备情况、语言表达情况、与理论知识的结合程度、发言效果等。根据各小组的表现，评选出优秀小组和最佳发言人。最后将实训活动的相关材料归档。

实训评价

被考评人		考评时间		考评地点		
考评内容						
考评指标		考评标准	分值/分	组内评价/分	组间评议/分	实际得分/分
专业知识技能掌握	物流营销控制的含义	理解	10			
	物流营销控制的程序	掌握	15			
	物流营销控制的方法	掌握	15			
	理论知识的运用程度	实训活动完成情况	20			
通用能力培养	出勤情况	按时到岗，学习准备就绪	10			
	道德自律	遵守纪律，有责任心	10			
	学习态度	积极主动，勇于探索	10			
	团队精神	融入团队，分工合作	10			
合计			100			

注：1．被考评人是实训活动的发言人。

2．考评内容是实训活动的项目。

3．实际得分=组内评价×40%+组间评议×60%。

4．考评满分为100分，59分及以下为不及格；60～74分为及格；75～84分为良好；85分及以上为优秀。

5．考核材料存档。

参 考 文 献

[1] 袁炎清，范爱理．物流市场营销[M]．3版．北京：机械工业出版社，2011．

[2] 詹春燕．物流营销基础与实务[M]．2版．北京：机械工业出版社，2010．

[3] 旷健玲等．物流市场营销[M]．北京：电子工业出版社，2012．

[4] 黄福华，李坚飞．物流营销[M]．大连：东北财经大学出版社，2009．

[5] 李怀斌．市场营销学[M]．北京：清华大学出版社，2007．

[6] 吴健安．营销管理[M]．4版．北京：高等教育出版社，2011．

[7] 菲利普·科特勒，凯文·莱恩·凯勒．营销管理[M]．14版．王永贵，等译．北京：中国人民大学出版社，2012．

[8] 李小叶．物流营销管理[M]．北京：北京大学出版社，2010．

[9] 曲建科．物流市场营销[M]．北京：电子工业出版社，2007．

[10] 何娟．物流市场营销理论与实务[M]．成都：西南交通大学出版社，2010．

[11] 董千里．物流市场营销学[M]．北京：电子工业出版社，2005．

[12] 郭国庆．市场营销学通论[M]．4版．北京：中国人民大学出版社，2011．

[13] 刘红一．服务营销理论与实务[M]．北京：清华大学出版社，2009．

[14] 郑一群．现代物流运作实务与案例[M]．北京：对外经济贸易大学出版社，2007．

[15] 陈玲，王爽．物流服务营销[M]．上海：立信会计出版社，2010．

[16] 龙丁玲，何丰如．物流企业市场营销[M]．武汉：华中科技大学出版社，2010．